有料更有趣的朝代史

漢史

4 东汉兴亡

方寄傲　编著

浙江工商大学出版社
ZHEJIANG GONGSHANG UNIVERSITY PRESS
·杭州·

图书在版编目（CIP）数据

汉史/方寄傲编著.—杭州：浙江工商大学出版社，2022.1（2024.1重印）

（有料更有趣的朝代史/胡岳雷主编）

ISBN 978-7-5178-4397-9

Ⅰ.①汉… Ⅱ.①方… Ⅲ.①中国历史—汉代—通俗读物 Ⅳ.①K234.09

中国版本图书馆CIP数据核字（2021）第054706号

汉 史
HAN SHI

方寄傲 编著

责任编辑	张晶晶
责任校对	熊静文
封面设计	吕丽梅
责任印制	包建辉
出版发行	浙江工商大学出版社
	（杭州市教工路198号 邮政编码310012）
	（E-mail: zjgsupress@163.com）
	（网址：http://www.zjgsupress.com）
	电话：0571-88904980，88831806（传真）
排　　版	北京东方视点数据技术有限公司
印　　刷	唐山富达印务有限公司
开　　本	787mm×1092mm　1/32
印　　张	28
字　　数	725千
版 印 次	2022年1月第1版　2024年1月第3次印刷
书　　号	ISBN 978-7-5178-4397-9
定　　价	198.00元（全四册）

版权所有　侵权必究

如发现印装质量问题，影响阅读，请和营销与发行中心联系

联系电话　0571-88904970

目 录

第一章 天下再复一统

刘秀得陇望蜀 _ 003

坐失良机 _ 007

南北夹击 _ 009

此消彼长 _ 013

最后一役 _ 016

坐拥江山 _ 018

第二章 妙计安天下,得了江山得民心

汉明帝初露锋芒 _ 023

太子大位易手 _ 027

攘外必先安内 _ 030

兄弟离心 _ 032

丝绸之路上的杀伐 _ 036

白马驮来佛经佛典 _ 039

第三章 明章盛世繁荣

皇太子离奇身世 _ 043

国不可一日无君 _ 047

书生治天下 _ 050

来而不往非礼也 _ 053

第四章　宫内宫外战争不息

封侯非我意 _ 059

此后贤名满天下 _ 063

浮尸百万，流血漂橹 _ 067

为报国家战四方 _ 070

壮志未酬 _ 074

窦氏家族的再次崛起 _ 078

后宫硝烟弥漫 _ 081

第五章　外戚政治的重演

废黜太子刘庆 _ 087

马太后的担忧 _ 092

江河日下，人心不古 _ 096

皇帝在手，江山我有 _ 099

窦太后临朝听政 _ 101

会战北匈奴 _ 104

九霄龙吟 _ 109

和帝亲政，天下归心 _ 113

阴孝和与邓绥的后宫斗争 _ 115

第六章　帝国的黑夜

邓氏戚族掌权 _ 121

安帝的抗争 _ 125

邓氏衰微 _ 128

安帝亲政 _ 132

阎姬夺权 _ 136

王权几度易手 _ 139

第七章　生不逢时的皇帝

　　昏聩无能汉顺帝 _ 145

　　梁氏权倾朝野 _ 148

　　忠臣奸臣，忧国祸国 _ 153

　　跋扈大将军梁冀 _ 156

第八章　宦官主宰下的政局

　　偶然成了皇帝 _ 163

　　刘志的辛苦等待 _ 166

　　一举定江山 _ 169

　　水火不容的士大夫与宦官 _ 173

第九章　灵帝无道，汉室衰微

　　短暂的外戚统治 _ 179

　　宦官之乱 _ 184

　　卖官鬻爵只求财 _ 189

　　汉末的农民起义 _ 191

第十章　东汉覆灭

　　末世的东汉后宫 _ 197

　　宫中巨变 _ 201

　　挟天子以令诸侯 _ 204

　　不甘寂寞的郭汜 _ 208

　　治世之能臣，乱世之奸雄 _ 212

　　四百年江山终有尽头 _ 215

第一章

天下再复一统

刘秀得陇望蜀

历经长达六年时间的东征西讨、南征北战，刘秀已经基本上统一了中国的东方，与西南巴蜀的公孙述、西北陇右的隗嚣形成了三足鼎立之势。而河西大将军窦融，自建武五年（公元29年）开始，眼看刘秀席卷天下、包举宇内、囊括四海、并吞八荒，虽然偶有挫败，但从总的行事看来，他的大军几乎一路所向无敌，刘秀更让征西大将军冯异多次与窦融接洽，窦融深刻地感受到，光武帝刘秀，雄才大略，千古罕见，因此对天下大势有了看法，于是向光武帝派遣使者朝贡，承认刘秀的正统地位。

兵法有云"上兵伐谋"，刘秀一直谋取能够在陇西和蜀中不动刀兵，便实现统一天下的功名大业。其实，刘秀大军和隗嚣在历史上曾经有过两次比较成功的合作，一者就是击败赤眉军樊崇残部（诚然，那一次是隗嚣大军的被动防御），二者就是后来，对陈仓人吕鲔的联手攻击。当时吕鲔拥众数万，接连西蜀公孙述，欲要进攻关中。经过双方的接洽商议，隗嚣决意派兵，会同冯异一起向其进攻，最终将其击败。

刘秀感念隗嚣为人高义，认为他是可以晓之以理、动之以情的，只要兵不血刃地收复了隗嚣，则蜀中不过是囚笼之地，天下一统唾手可得。于是，刘秀给隗嚣写了一封信，他以周文王比喻隗嚣，认为文王当时虽然三分天下已得其二,但仍然将殷商视作自己的主子,而今日之隗嚣即有昔日文王之风范,刘秀此意,可谓"司马昭之心、路人皆知"。他自然是希望隗嚣也能效法文王,扶助刘家汉室。

当此之时,公孙述也早就称帝,他也是聪明之人,早就暗怀君王之志,知道要夺取天下,一定不能让刘秀将隗嚣拉拢,如果自己能够寻求到隗嚣的帮助,他日图谋中原之时,就能够凭借陇右的地理优势,居高临下,一路势如破竹。

于是,公孙述急忙派遣使者册封隗嚣为扶安王。一时之间,隗嚣成了天下最为炙手可热的人,他当然不会贸然答应公孙述的册封,因为他心中想的是,自己既然是两边都需要的人,大可以坐地起价、待价而沽。

当然,公孙述也明了天下大势,他知道隗嚣的想法,是想做那墙头草,哪边强,便朝哪边倒。当年汉高祖西出蜀中,夺取天下之时,便采取了一个著名的策略:明修栈道、暗度陈仓。其实公孙述在北方开展的一系列政治攻势的同时,亦在南边开始厉兵秣马,整军备战,图谋荆州。这和当初汉高祖的计策有异曲同工之妙,只可惜刘秀非楚霸王,公孙述的计策,他早就有所察觉。

恰如刘秀所料,不久,公孙述的大军进犯荆州的南郡,妄图借荆州北进,夺取天下。

此时的刘秀,也想着拉拢隗嚣,他急忙下诏令隗嚣从天水伐蜀,以调动公孙述军回援。哪知隗嚣依然不为所动,并婉言拒绝。由此看来,这隗嚣无论如何,终不能为刘秀所用。于是,刘秀和众将决定,准备先攻伐陇右,获取这一夺取西川蜀中的关键所在。

建武六年(公元30年)四月,刘秀率部来到长安,与建威大将军耿弇等七将军合兵一处,并命令他们借陇道伐蜀,实则最后试探隗嚣的心意。隗嚣见数十万汉军齐聚长安,并向自己借道伐蜀,顿时明白这不过是刘秀的"假途灭虢"之策,名为伐蜀,实则为夺取陇右而来。隗嚣当然不会束手待毙，遂直接和刘秀撕破脸皮，派遣大将王元据陇坻，伐木塞道，以阻汉军。

双方大军在陇坻展开激战，汉军因为受到地形的限制，最终大败而还，退出陇坻，隗嚣部将从后穷追猛打，汉军一路败退，惊慌失措之下，大量粮草辎重被夺取。汉军幸得马武断后，才得以将大部退下陇坻，免于全军覆没的结果。刘秀本以为，以长安的势力，要灭除隗嚣应该不是难事，遂率随从返回京师洛阳，坐镇指挥。哪知不久，汉军大败的消息就传到刘秀耳中。刘秀当机立断，令冯异、耿弇、吴汉等七部汉军再次部署，构成掎角之势，力保关中。

隗嚣部将挟陇坻大胜之威，挥师东进，欲进取关中的要地恂邑，恂邑为关中门户所在，历来为兵家必争之地。幸得冯异急速抢占恂邑，并击退了陇右军马。隗嚣见汉军有名将强兵前来支援，自知难以扩大战果，于是就此收兵。通过此次战役，刘秀认识到隗嚣部将的强悍；同时，隗嚣更深刻地认识到，如今刘秀可谓是树大根深，属下能人异士无数，以自己的实力，要彻底地击败刘秀，实在是难比登天。于是，隗嚣再次上书刘秀，婉言表明自己的苦衷，刘秀知道此刻的隗嚣依然还在借用托辞，遂回复隗嚣道："今若束手，复遣恂弟归阙庭者，则爵禄获全，有浩大之福矣。吾年垂四十，在兵中十岁，厌浮语虚辞。即不欲，勿报。"意思即是说，如果隗嚣归汉，则功名利禄可得，否则，就不必多说了。隗嚣见此，知道自己难以与刘秀并存于世，遂遣使向西蜀公孙述称臣，公孙述遂封其为朔宁王。

此后，双方互有攻伐，总的来说，汉军一直占据着战争的主动权。建武六年（公元30年）冬，汉军在冯异的带领下，攻克了陇右要地略阳。建武八年（公元32年），双方又再次大战于略阳。为了夺回这一要地，隗嚣亲率数万大军攻城，汉军凭借坚固的城池，率部死守。眼看此一战，战局逐渐扩大，俨然成了决定陇右归属的关键战役。于是，刘秀亲临长安，以指挥平陇作战。

恰在此时，窦融部率步骑数万大军归汉，汉军兵不血刃便拥有了河西五郡，此地战略位置极为重要，与长安方面的汉军联合出击，便对陇右构了东西夹击之势。刹那间，陇右诸将闻刘秀大军之名，心惊胆战，他们知道，汉军就要全面控制陇右地区了，为了将来有一个出路，许多将领或明或暗地投降归汉，使得隗嚣的局势更加恶化，无奈之下，只得放弃略阳，退守西城（今甘肃天水西南）。

当此之时，洛阳附近的郡县，由于官吏腐败、民不聊生，便发生了民变。洛阳可是京师重地，关乎王朝的兴衰。而刘秀为了西征，朝中有能耐的文臣武将几乎倾巢而出。为了稳定洛阳的局面，刘秀不得不星夜兼程、东归洛阳。临行时，他依然对陇右的局势不放心，对岑彭说道："两城若下，便可将兵南击蜀虏。人苦不知足，既平陇，复望蜀。每一发兵，头须为白。"这就是"得陇望蜀"的典故。

汉军在刘秀走后，坚持进攻的态势，不久便围住了西城，将隗嚣困在其中，使其成了瓮中之鳖。眼看汉军胜券在握，却不料西城将士一直坚守不出，加上里面粮草充足，足以坚持半年之久，使得汉军久攻不下。数月之后，陇右大将行巡、王元、周宗等将领率五千余人来此救援，乘高卒至，击鼓大呼："我军百万雄师即将来临啦！"

汉军猝不及防，未料到西蜀救兵会突至，一时之间，阵脚大乱，王元等人浴血奋战，最终护卫隗嚣突围出了西城。经过长时间的拉锯战，汉军虽没有一鼓作气拿下陇右，却使得隗嚣的人马与粮草损失极重，难以支持。建武九年（公元33年）春，隗嚣在忧愤中死去，其子无能，陇右局势江河日下。刘秀为了一举拿下陇右，再次亲临陇右一线，指挥平陇作战。这年十月，耿弇诸将很快就攻破落门，陇右诸将与隗嚣之子隗纯见大势已去，只能率部出降。自此，陇右成为刘秀攻取蜀中的重要平台，天下诸侯，只有公孙述尚能够给予刘秀一些威胁。

坐失良机

更始三年（公元25年）四月，经过深思熟虑之后，公孙述在成都即皇帝位，国号大成。公孙述相信，自己一定能够顺天应命、一统天下。

更始政权很快就在流民军和刘秀汉军的双向夹击之下，迅速败亡，整个西方只有邓禹的数万军队在经营，只是他自夺得河东郡之后，屡屡犯下严重的错误，当地士绅豪强、平民百姓的希望都逐渐淡然。而此时的刘秀，则在北伐之后，迅速南下围攻洛阳，在洛阳投降之后，又调集兵力攻取东方刘永，自然无暇西顾，关中不少豪杰均引兵归奔西蜀，蜀势大振。

建武五年（公元29年），割据荆州的秦丰等人被刘秀打败。秦丰属下大将延岑和田戎见大势已去，便率领残军归奔公孙述。延岑被封为大司马，田戎则被封为翼江王。到了建武六年（公元30年），公孙述遣田戎出江关，收拢其旧部，欲取荆州，结果遭到刘秀的无情打击，只得狼狈收手。

直到此时，刘秀基本上已经统一了东方，在积极稳定内部、与民休息的同时，也不断地招兵买马、整军备战，谋划西北的陇右与蜀中的公孙述。在进军西北陇右之时，刘秀亦向公孙写了一封书信，其间说道："天下神器，不可力争，宜留三思。"值得一提的是，刘秀竟然在书信上将公孙述署名为"公孙皇帝",由此而观之,刘秀因为公孙述的势力太过强大,也不得不承认公孙述的帝位。

时也命也,其实公孙述早就应该挥师东进,趁东方未明之前,抢夺先机。此时此刻,蜀中各位将领正在紧锣密鼓地整军备战,他们知道,东方既然已经平定,剩下的西川便成了刘秀的"眼中钉、肉中刺",必要除之而后快。公孙述手下的骑都尉荆邯便对公孙述道出了一番精彩绝伦的论对,首先从战略上道出了隗嚣之所以失败的错误所在,同时也为公孙述指出了对抗东帝刘秀的策略,即退保则必不可全,进则可有获胜之机。公孙述闻言,亦甚为赞同荆邯的这番论断,欲尽发西蜀之兵,讨伐东方刘秀。但终因其优柔寡断,从而失去了最后与东方的刘秀争夺天下的资本,待刘秀彻底平定了东方,实力大增,再也没有了后顾之忧,可以全力以赴、大军西指,等待偏安于蜀中的公孙述的结局就可想而知了。

南北夹击

为了进攻蜀中，刘秀加紧训练水军。经过两年的训练，汉军水兵人人磨刀霍霍，士气大胜，准备在接下来对蜀中的进军中，实现自己的功名大业。这些年，蜀中也没有闲着，势力不断壮大，刘秀在彻底地稳固后方之后，终于觉察到时机已经成熟，便决意对蜀中用兵，实现一统天下的宏图伟业。

其中，任命大将岑彭和来歙分别从南、北两个方向大举伐蜀。北部可以凭借汉中、西凉、陇右等地的地形优势，只要能够突破川蜀的关卡，就能够长驱直入，直达蜀中首府益州。经过前番几次攻伐荆门蜀中军队的失败，岑彭也从中总结出以往的一些教训，开始进攻荆门。关于这一战，历史上曾被重点描述，当时公孙述的军队在三峡下游架了一座横贯长江并有军事塔楼的浮桥，浮桥与长江两岸的要塞相连。建武十一年（公元35年）四月末，汉的水师开始对荆门发起进攻，并借东风之助逆流而上驶向浮桥。汉军战船上面早就布置了巨大的火炬，本来蜀中军以为自己这一战应该是胜券在握的，岂料敌人竟然一者借风，二者借火，将浮桥迅速点燃，浮桥着火倒塌，溺死者数千人，蜀中军队沿江两岸的军事要塞变成孤立无援、首尾难顾的所在，猝不及防之下，蜀中军队顿时乱了手脚。汉军终于一鼓作气，打通了由荆门入蜀中的水路。然而蜀道难难于上青天，蜀中军队边打边退,更是一路尽力毁去为了东征而修筑的道路。公孙述哪里料到,昔日为了成就统一天下的皇图霸业所修建的道路,此刻竟然成了汉军灭亡自己的捷径。幸好蜀中军队在守卫之上很有经验,才堪堪延缓了汉军的进攻。

屋漏偏逢连夜雨,就在蜀中军队和汉军处于胶着状态之时,汉军早就着手准备的杀手锏发挥了效用。早在进攻荆门之前,汉军就了解到,川蜀将领之中,王政与大司徒任满素有嫌隙,而且王政此人也是颇有见识之人,看出天下大势的主动权其实一直都掌握在刘秀的手中。无论是军事实力、政治地位以及这么多年所体现出来的治国才能,公孙述都要略逊刘秀一筹。于是,汉军中派遣说客前来,悄悄地与王政接洽,王政当即同意了汉军的建议,答应在汉军攻伐荆门之时做汉军的内应。为了表示自己的诚意,王政还献计用火攻烧毁浮桥。当汉军和蜀中军队正在血战之时,早就埋藏在大司徒任满身边的王政终于动手了,他趁大司徒任满调集亲兵前去御敌的机会,率领自己的部下,毫不犹豫地抓住任满,并顺势将其斩杀,随即向汉军挥舞白旗致意。蜀中军队在田戎的带领下,向西败退到江州。

岑彭等来到江州后,才发现江州城池竟然在蜀中军队的加固之下,原来就有三丈高的城墙,更加加高了几尺,而城外的护城河也挖得特别深,如此,即使汉军能够攻下江州,凭借江州的哀兵,实在是胜负难料,即使是胜利,也一定是杀敌一千、自损八百的惨胜。于是,岑彭决意转攻平曲。蜀中在江州的兵力,本来以为汉军会一鼓作气攻向江州,遂率领三万军队前来援助,岂料汉军会转而攻伐平曲,平曲虽然是蜀中军队的战略物资储备地,但其兵力多被抽调到江州等地布防,霎时之间,蜀中军队大败,汉军光从蜀中军那里夺取的粮食就有数十万石。

花开两头,各表一枝,此刻北边也是一片风声鹤唳。自从全歼了隗氏集团、收取了凉州十郡以后,中郎将来歙、太中大夫马援为主、副将的陇右汉军便开始积极稳定陇右地区，同时时刻准备攻入西川。建武十一年（公元35年）夏初，凉州地界的先零羌发动叛乱，进犯临洮。来歙向朝廷举荐马援为陇西太守，坐镇狄道县，专职负责防御先零羌等工作。马援到任之后，不负众望，奋击来犯之敌，不久便大破先零羌，陇右西部逐步得到了安定。马援走后，南征巴蜀事宜则由来歙本人全权负责。岑彭在南线不断进攻的同时，刘秀给陇右汉军下了一道圣旨，令来歙为主将，虎牙大将军盖延、扬武将军马成为副将，率领陇右汉军主力十余万，取道西汉水谷地南下攻击公孙述的北线防区。汉军遂正式实现了南北两路经过西川的战略意图。

公孙述此时已经南北不能兼顾，他见岑彭的南路大军攻克了平曲，急忙收缩兵力，令延岑、王元与其弟公孙恢率领重兵据守广汉及资中，又遣侯丹率两万余人据黄石（今四川涪陵东北）。岑彭见势，多张疑兵，令臧宫等从涪水上平曲，以牵制延岑等蜀将，自己则分兵顺江而下回江州，然后溯都江而上，攻袭蜀将侯丹部，大破之。此后，公孙述所在大殿之内，就不断传来前方的败报。岑彭在大败侯丹部之后，日夜赶路，迅速向西行了二千余里地。又叫精骑奔向广都，离成都有数十里之远，此后蜀地便是一马平川，蜀中军队再也无险可守。随即，岑彭分兵绕道前行两千余里地，以天降神兵的威势，出现在武阳，不久便攻克武阳。

此时此刻，岑彭的前锋骑兵到了广都，距蜀中首府益州不过数十里。其实，公孙述早就在思考，需要防止岑彭的军队入川，无论如何也要将他阻击在广汉城外，遂令延岑等率蜀军主力屯于广汉，旨在堵截岑彭的南路汉军，谁知岑彭的兵马竟绕到延岑军后，如天兵天将一般，突然就出现在公孙述面前，迅速逼近成都。刹那间，蜀地心胆俱裂，公孙述大怒于形，用手杖往地上狠狠地一敲，大喝道："何方神圣来撒野！"

岑彭奇袭成都，与来歙当年偷袭略阳，有异曲同工之妙，然而，岑彭的这次突袭要比来歙当年远得多,他从江州出发,水陆并进,一路上用了若干计策来迷惑敌人,让他们猜不透自己的战略意图。大军左奔右突,一连奔驰两千余里,如此长距离的奔袭,在中国战争史上是罕见的。前有来歙奇袭略阳,后有岑彭奇袭成都。两位军事奇才都不约而同地采用了"黑虎掏心"之计,分别将隗嚣、公孙述的防御体系打得土崩瓦解,成为汉军一统天下最后两步的重要转折点。如此用兵如神,真让人叹为观止、拍案叫绝!

然而就在汉军势如破竹之时,公孙述兵行险招,派人刺杀了岑彭。刘秀思前想后,最后派大司马吴汉出任南征大军的统帅。

此消彼长

建武十二年（公元36年）正月，吴汉率领南征大军西进，沿着岑彭的入川之路前行，直扑犍为郡首府武阳（今四川彭山县）。不久，吴汉于鱼涪津（今四川乐山一带），击败蜀将魏党、公孙永等部，兵围武阳。

万分危急之下，公孙述的女婿史兴率五千兵马来助，吴汉分兵迎敌，击破史兴，横扫犍为全郡，杀入蜀郡境内。诸地闻听吴汉率军大举入境，吓得纷纷闭门坚守，不敢出战。刘秀知道了这种情况，还来不及庆功，便急忙诏命吴汉直取广都（今四川成都市东南），直捣公孙述的心脏。吴汉奉召率军北上，一战即克广都。而南路的臧宫在逼降蜀将王元后，又破涪城，斩杀了公孙述的弟弟公孙恢。面对如此局面，蜀中的将帅恐惧不已，纷纷逃离，虽然公孙述下令逃将的家人也会被诛灭，但是依然无法禁止叛逃的人出现。结果公孙述南线防线全部崩溃，整个成都如同一只待宰的羔羊，赤裸裸地呈现在数十万汉军的眼前。

刘秀自起兵以来，一直坚持"攻心为上，攻城为下"的道理，因此，即使汉军已经兵临城下，他也还是没有命令军队攻城，而是再次向公孙述写下了一封劝降信，劝公孙述认清方今之大势，切不可因来歙、岑彭之死而狐疑不定。如果现在停止抵抗，向朝廷自首投诚、悔过自新的话，可以保证性命以及宗族安全。再战下去，犹如委肉于虎口。这样的机会，再也难以寻到第二个，最后，刘秀还表示，自己以皇帝的信誉保证，绝对不会食言。公孙述亦不愧为一代枭雄，头可断、血可流，要投降则万万不能。

汉军就近扎下营地后，遂厉兵秣马、闭营三日不出，一面多竖旗帜，使烟火不绝，以迷惑公孙述的军队，另一面，则于第三日晚趁夜色偷渡过江，与刘尚部会师。吴汉与刘尚会合的第二天，蜀国大司徒谢丰不料汉军吴汉部竟然来了个"金蝉脱壳"之计，以为吴汉军还在原地枕戈待旦。于是，谢丰留部分人马牵制江北，自将主力攻江南岸的汉军，结果双方鏖战，从早晨一直打到太阳快要落山，吴汉军两部合兵，军威大胜，斩蜀军五千余人。

此时此刻，刘秀的诏令也到达吴汉的手中，劝吴汉回到广都坚守，"如此一来，公孙述必然不敢略过刘尚、两面受敌地来攻击你。如果他先去打刘尚，你则可从广都驰援刘尚。广都距离刘尚处，恰好五十里，等你赶到时，正是敌军疲惫之时，正可以以逸待劳，一举将其击溃"。刘秀真是非比寻常，吴汉在听取刘秀的战略计划之后，率领军队与蜀军在广都、成都之间展开了数次大战，吴汉军八战八捷，终于越过了这十数里的距离，挥军到达成都城门之外。与此同时，汉军臧宫部也相继攻占了繁县（今四川彭县）等地，与吴汉会师成都。

蜀中已经如行将就木的老人一般，公孙述十分清楚，自己奋斗半生，打下的基业就要拱手让与刘秀了。感叹之余，他问延岑："你说现在该怎么办？"意在咨询当前还有什么可以挽救的措施。延岑本人不愧是当世名将，对于公孙述之问，心如明镜一般，遂慷慨地说道："男儿当死中求生，可坐穷乎！财物易聚耳，不宜有爱。"于是，公孙述"悉散金帛，募敢死士五千余人"，交由延岑指挥。

延岑吸取与汉军交战以来的经验教训，特别是吴汉入川以来的战术思想，也借用了他的"金蝉脱壳"之计，以彼之道还施彼身。一面在正面大张旗帜、鸣鼓挑战，暗地里则派出一支"奇兵"绕到吴汉军的背后，发起了突然袭击。吴汉军大败，吴汉本人也坠马落水，幸得拽住马尾才从水中脱险。其实，吴汉军本来不至于会如此狼狈，要论罪责，则主要是因为吴汉轻敌，竟然没有派出大量游哨在成都周边监视敌军的动向；同时由于兵力所限，既没有将成都完全包围，也没有分兵保护主力的后侧以及两翼，遂使得延岑有机可乘。

此战汉军失利，损失颇大，加上粮草难以为继，吴汉心中便萌生了退意。如若汉军东撤，自然是蜀中公孙述最希望看到的结局。如此这般，岑彭入川以来，千辛万苦、舍生忘死才取得的优势便会化为无形。汉军要是想重新集结力量进军蜀中，至少需要一年的准备时间，刘秀一统天下的梦想又会变得遥不可及。

最后一役

可叹天要亡蜀，为之奈何？一颗螺丝钉改变一场战争的传奇就在此刻的汉军中上演。这颗微不足道的"螺丝钉"就是蜀郡太守张堪。

恰逢刘秀派遣张堪押运粮草和七千匹战马输送至前线，同时张堪"说述必败，不宜退师之策，当今天下一统已然成了定局，将军切不可以因噎废食，误了大好时机，此次不灭公孙述，蜀中势力定然会死灰复燃，他日再图四海混一，劳民伤财不说，更是胜负难料"。吴汉闻言，深感羞愧，遂决意与公孙述大军周旋到底，不彻底平定蜀中，誓不罢休。

吴汉虽然得到了战略补充，但却和往日不一样不，不冒险进军了。这一次，他是真正地汲取了连续败仗的教训。不日，吴汉正在苦思破敌良策，突然，《孙子兵法》上的一席话映入了他的眼帘："兵者，诡道也。故能而示之不能，用而示之不用，近而示之远，远而示之近。利而诱之，乱而取之，实而备之，强而避之，怒而挠之，卑而骄之，佚而劳之，亲而离之。攻其无备，出其不意。此兵家之胜，不可先传也。"

吴汉当即大喜，决定"阴"公孙述一把，令弱兵前往挑战，而将精骑隐于后。公孙述出兵，自然轻易得胜。细看之下，公孙述发现，汉军此役竟然全部是老弱残兵，他不疑有它，认为吴汉已经无兵可派遣，便认为破敌之时已到，遂令延岑领一军攻打臧宫，自己则亲率数万大军出战吴汉。延岑与臧宫交战，三战三胜。

与此同时，公孙述这边与吴汉大战，"自旦及日中，军士不得食，并疲"。吴汉等的就是这个时候，他终于可以派出自己的"后手"。刹那之间，只见高午、唐邯率数万精锐迅速杀出，冲击敌阵，蜀军见突然一支精兵杀来，顿时乱了手脚。哪知吴汉杀手之下，还有杀手，他早就领略了公孙述为达目的、不择手段的作为，深恶痛绝之余，也信手拈来学了几招。

那就是派遣勇士于百万大军中取上将首级。这个勇士就是高午，趁双方相战正酣之时，高午冲入敌阵，直刺公孙述，正中其前胸，公孙述受伤坠马，手下看见，不顾一切地阻止汉军的继续攻杀，将公孙述救回城中。自此，公孙述一蹶不振，将成都兵马悉数交予延岑，要他相机行事。当夜，公孙述死于成都皇宫。蜀帝身亡，延岑知道蜀中军队再也无力回天了。

建武十二年（公元36年）十一月十八日清晨，延岑带着残部在成都城头树起白幡，大开城门向汉军投降。吴汉入城之后，依然没有放过延岑，在成都城内大举屠城，刹那间成都城内血流成河、尸堆如山。兴亡不论，最苦的还是天下的平民百姓。

坐拥江山

刘秀在建国后，复立五经博士，恢复太学。太学学生都将入朝为官作为了学习的最高目标，由此，才能够光耀门楣、光宗耀祖。

在治国思想上，刘秀依然延续了西汉武帝的思想，十分崇尚儒术的力量。一次，光武帝刘秀在巡幸鲁地之时，曾派大司空率领百官前去祭祀孔子，后来还将孔子后裔孔志封为褒成侯。他的意图天下皆知，旨在彰显自己尊孔崇儒，要求天下人学习自己，大力学习儒家学说。

孔子把"仁"作为最高的道德标准、道德原则和道德境界，而孝悌是仁的基础。所以东汉才会特别重视"举孝廉"的选官制度。自然，儒家思想提倡的这些，对于当时而言，无论是实现统治还是接受统治的人，都是有很大的积极作用的。然而美中不足的是，刘秀竟然对当时儒家的谶纬迷信之说崇拜备至。这使得后来在皇宫内部，产生了一连串的宫闱悲剧。

光武帝对内大刀阔斧、不拘一格地进行改革，对外则施行铸剑为犁、止戈息武的策略。有人不禁想到，难道北方匈奴政权也承认刘秀真命天子的地位？何以他们会一直甘于寂寞呢？

其实，前文已经提到，早在王莽新朝之时，王莽就准备率领大军北击匈奴，只可惜后来因为中原大乱，王莽北伐之事只能不了了之。

然而此刻的匈奴,却依然没有任何动作。这又是为何呢?

实际上,匈奴单于利用了这次中原内战的机会,只是他没有将触手伸到中原内地,而是在建始国二年(公元10年)夺取了对吐鲁番国的保护权,此后还不时袭击中国边境。

到了王莽政权覆灭,天下大乱之时,匈奴却是天灾人祸不断,好不容易重新归于统一的匈奴,因此而失去了在中原横行的机会。

历史记载,自建武十六年(公元40年)之后,匈奴汗国一连几年大旱,赤地千里,寸草不生,牛羊战马饿死者,足足百万之众。内忧之下,外患也接连不断,并对匈奴政权造成了很大的打击。如当时东方新兴的强敌乌桓部落,眼看匈奴衰微,自然不会放过这个凌辱昔日一直欺负自己的对手的机会,遂侵袭东方不断。匈奴大军在数次大战均告失败的情况下,只能在单于的带领下,不断后撤。其势力范围从原来的整个蒙古草原,萎缩至蒙古哈尔和林及以南地区,大批人畜因战乱和灾荒而死亡,国力大衰,以致各部分立,呈一盘散沙之态。

建武中元二年(公元57年)二月戊戌日,刘秀在南宫前殿逝世,享年六十二岁。

第二章

妙计安天下,得了江山得民心

汉明帝初露锋芒

征讨途中，中军帐前。

眼看到万千兵勇，军威凌厉如一柄锐利的尖刀；耳听到百里疆场，马嘶鼓震，惊得这如画江山乍起乍沉。众将士得主帅令，可在大军开拔之前仰天呐喊三声，一者是为龙子降世，二者则为丽华平安，三者则为主臣同庆，四者可为鼓舞士气。

当此之时，正是建武四年（公元28年），刘秀携王霸之师，征讨彭宠，大有席卷天下、包举宇内的气概。阴丽华是唯一随军远征的贵人。阴丽华为何许人也？何以能有幸得刘秀如此宠信，随大军东征西讨？

"仕宦当作执金吾，娶妻当得阴丽华。"这两句出自刘秀之口。那时的刘秀还是一介没落皇族，后来他如愿娶得阴丽华为结发妻子，甚为宠爱。最终阴丽华被封为皇后，成为一段佳话。

曾经盛极一时的赤眉军即将与刘秀帐下的冯异展开最后的决战。此前，汉军主帅乃是邓禹。刘秀的部署是"使计诸将屯渑池，截其东路，异击其西，一举取之"，冯异是刘秀战略的坚决拥护者，可是邓禹却另有想法。他是个冒进的人，不听冯异的劝阻，举兵攻伐赤眉，结果大败而回。

此番，刘秀当机立断，夺了邓禹的兵权，以冯异为主帅，又亲率大军，终于崤山之底，以逸待劳，大破赤眉军。此役进一步奠定了刘秀一统天下的军事基础，更从赤眉军手中得到传国玉玺。

阴丽华能够随刘秀大军出征，固然和其深得刘秀宠信有关，但更为重要的原因则是刘秀拥有充分的自信，在保证大军出征的胜利的同时，保证阴丽华的安全。

仿佛是为了印证此时的大势，刘阳应运而生，后来改名刘庄，也就是历史上著名的汉明帝。

斗转星移，牵扯日升月落；朝花夕拾，演变生生不息。弹指之间，天下已定。洛阳城中，一片歌舞升平、繁华鼎盛。可此时的长乐宫中，却是一派肃杀气象。光武帝刘秀巍然立于朝堂之上，座下群臣股肱战栗，脸色变换，唯恐一个不慎，无功不说，反误了身家性命。

历代开国皇帝多是精力过人之辈，刘秀也是如此，他对上交的各类文书无不逐一仔细查看。前些日子，刘秀下令"度田"，所谓度田，就是诏令天下州郡清查田亩及户口，这是战火之后新政府的必然举措，也是增加赋税的手段。这批吏牍即是各地"度田"后呈上来的报告。当刘秀翻阅陈留县的吏牍时，这样一句话映入他的眼帘："颍川、弘农可问，河南、南阳不可问。"刘秀有些莫名其妙，但并没有马上表露出来，而是下议于百官。庙堂之高虽可接九天之上，但未必代代皆有经世致用之才，因而刘秀之疑问，亦是百官之狐惑。半晌过后，群臣无一人可说上一二，刘秀转眼望向其子刘庄。一时之间，大家的目光也都集中到了刘庄身上。

刘庄却不慌不忙，一副胸有成竹之相。他拜过刘秀之后，缓缓说道："河南是首都所在，朝中高官都住在这里；南阳是陛下的故乡，陛下的亲戚大多居于此地。因此对这两个地方的田亩数字，负责检查的官员们当然不敢多问。"说罢，群臣为之侧目，刘秀恍然大悟，心中甚是欣悦，为一个十二岁的孩童有如斯锐利眼光而惊叹。经此一事，刘庄可谓是初露锋芒，也让刘秀废长立幼的想法更加坚定。

建武十九年（公元43年），单臣、傅镇率众造反，攻占了原武城，引得刘秀大怒，于是派太中大夫臧宫前去围剿，然而由于对方准备充足，原武城久围不下，故此刘秀召集众臣商议对策。太子刘彊首先建议以加官晋爵、赏金封侯的方式激励将士攻城，群臣也大多附议，只有刘庄低首不言、暗自摇头。刘秀见状，询问道："阳儿（刘庄）为何摇头，可是心中已有定计？"刘庄并没有直接说出自己的想法，只淡淡道："一筷可断，百筷难折。"皇上和百官都知道他有话说，静静地等待，没有打断他。果然刘庄再次进言，力主不要围城太紧、太急，可以引诱贼人突围，然后分而歼灭之，这样以区区一个亭长就能对付了他们。皇上听罢，拍案叫绝，命将士依计而行。结果一如刘庄所料，叛贼分散突围后被一一平定消灭。

关于此次战事的记载，《后汉书》中只有寥寥数语，是故后人对刘庄能够成为太子的关键知晓不多，而此次事件即是光武帝刘秀决定改立刘庄为太子的重要转折点。

此外，据历史记载，刘庄在十岁之时便已经通晓《春秋》，闻达于朝野内外。刘庄能有如此表现，并非偶然，这一方面是由于他从小师从经学大师桓荣，可谓名师出高徒；另一方面则是由于他较早地在刘秀身边观察和学习政务活动，增加了自己的才干。当然，这与其天赋也必有一定关系。但是，真正聪明的人是不会让人知道他的聪明的，特别是在充满血雨腥风的皇室内部，因为那势必会引起政敌的妒忌甚至是仇恨。除非你的实力足够强大，能够做到有恃无恐，叫敌人徒唤奈何。

当时，正处于当时女性权力巅峰的皇后郭氏、是阻挡刘庄登上太子位的最大绊脚石。刘彊是郭氏所生，为光武帝刘秀之长子，顺理成章地被册立为太子。但他从小缺乏适当的锻炼，逐渐养成懦弱怕事的性子，兼之他胸无大志，不像刘庄那样"积极备战"，所以争位之事，几乎全部仰仗其母亲郭氏。

郭氏深知刘秀十分倾心阴丽华,自己虽然贵为皇后,母仪天下,但在光武帝眼中的地位,却难以企及阴丽华之万一。同时,阴丽华之子刘庄近年来所表现出的才智,也非自己的儿子刘彊所及。是故郭氏只能寻求娘家的帮助。郭家乃是世家大族,郭氏的外祖父就是著名的定恭王,刘秀成就霸业之前,要极力仰仗他,所以才立郭氏为皇后。兼且初时阴丽华无子,刘彊也就以嫡长子的身份入主东宫。郭氏为让刘彊坐稳太子位,可谓煞费苦心。可是方法用尽,依然挡不住刘庄母子逼来的脚步,她无计可施,竟然当面讽刺刘秀和阴丽华,叫刘秀对她彻底死心。此一时、彼一时,君临天下的刘秀再也不需要郭家的助力,当他决定废除刘彊时,世上再无一人能够改变这结果。

汉明帝刘庄

汉宫秋月立轴 清 袁耀（款）

太子大位易手

建武十七年（公元41年）。

太子东宫，已成将倾之大厦。曾经在身边的众位"忠臣良将"已经另投明主，曾经挥手间得以使万众臣服的太子威仪，如今已经是过往云烟。昨日内廷传来消息，皇后郭氏，现皇太子之母因为非议皇上，辱没皇家尊严，以"怀势怨怼、数违教令"之罪而被废黜，早已岌岌可危的太子终于失去其最大臂助，情势更加危急。

光武帝刘秀念及太子尚且年轻，对其母后之事并不知晓，因此特别准许太子见其母后，以话别情。见过母亲，一时间，刘彊仅存的幻想随之破灭，之前他尚自以为，父皇只是一时之气，母后终归会回到其原来的位置，可母亲告诉他，光武帝早就倾心阴丽华，爱屋及乌，对其子刘庄也受到骨髓。因此，废长立幼之心早已如同一颗种子，在朝局变换、天下易手的情况下，逐渐生根发芽，破土而出。

刘彊被废以后，虽然自己的幻想逐渐破灭，但是依然还有一部分投机势力想借用刘彊的废太子之名举事，徐图成就大业、颠覆乾坤。其中最为活跃的代表就是刘荆。

刘荆是光武诸位皇子中比较有才能的一个，他给废太子刘彊写信，言及其无罪被废，自己念及手足情深，终于难以坐视不理。故而支持刘彊从自己的封地东海起兵，像汉高祖那样取天下，夺皇位。刘彊接到书信后，当即吓坏，立马把信上交给明帝。明帝早有孝敬师长、爱护兄弟的美誉，念其初犯，因此没有追究此事。但是在刘庄的心里，孰亲孰疏、谁远谁近，已经泾渭分明。这在以后刘庄执掌江山的手段中，慢慢显现出来。

永平元年（公元58年），刘彊病重，刘庄遣中常侍钩盾令将太医乘驿视疾，诏沛王辅、济南王康、淮阳王延诣鲁。到刘彊即将西去之时，还上书表示感谢。

据传，刘庄读了刘彊的上书，悲恸大哭，感动得无以复加。

刘庄特命曰："王恭谦好礼，以德自终，遣送之物，务从约省，衣足敛形，茅车瓦器，物减于制，以彰王卓尔独行之志。将作大匠留起陵庙。"

从建武二年（公元26年）刘彊即太子位，到建武十九年（公元43年）刘庄入主东宫，刘彊的命运就像全部被别人牵扯，纵使自己有万般无奈，也只能顺时应势，太子大位就此易手。

在刘庄继太子大位之前，发生了一件在今天看来难以理解的事情：刘庄在刘秀的许可下，改刘阳为刘庄。关于刘阳改名的因由，历史上众说纷纭，其中最为盛行的说法认为，刘阳改名为刘庄，主要是想改变他的身份。刘阳是妃子所生，乃为"庶出"；而刘庄则是新封的皇后（阴丽华）所生，就是嫡子。从字义而言，"阳"是鲜明的意思，形容词，虚而不实；"庄"则有庄重威严的意思，似乎更适用于皇帝。《后汉书》中也有记载：皇帝下诏说："按《春秋》的经义，立太子以出身嫡庶的贵贱为标准。东海王刘阳，是阴皇后的儿子，应该继承帝位。皇太子刘彊执着谦让，愿意到诸侯国为王。父子之情，使我难以长久地违背他的意愿。现在封刘彊为东海王，立刘阳为皇太子，改名为庄。"

刘庄在担任太子期间，更加表现出其非凡的才智，其中最具代表性的便是他在对待南北匈奴的主张上。

刘秀半生戎马，最终重建汉朝，因为国力的不足，被迫一改武帝时对匈奴的战略，由主动进攻转为积极防御。此后经年，匈奴分为南北两部分。南匈奴主动要求内附，光武帝刘秀册封南匈奴的权贵们，而且还和他们和亲。这在以后比较长的一段时间内，维持了北方边境的和平，为东汉的逐渐崛起提供了良好的边部环境。北匈奴看到东汉和南匈奴和亲，也要求和亲。时局未明之前，刘秀一时难以决定，于是和公卿们商量。

当此之时，朝堂之上均以为与北匈奴和亲可以化解过去结成的仇怨，而且还可以自主选择与南北匈奴的和战关系。与南匈奴战则联合北匈奴，与北匈奴战则联合南匈奴，诚可谓是驱狼搏狗的妙计。以此推之，汉室天下当可立于不败之地。唯有刘庄不以为然，他分析，北匈奴因为南匈奴内附汉朝，并且与大汉朝和亲，所以害怕我们，如果我们不攻击北匈奴，又和他们和亲，不但北匈奴不再惧怕我们，南匈奴也会对我们有二心。因此，汉朝应该拒绝与之和亲。听完其分析，光武帝刘秀深感有理，于是决定不和北匈奴和亲。

攘外必先安内

光武帝之时，鉴于王莽篡位的根源在于外戚权重，所以刘秀对外戚的权力有所限制，但与此同时，他又利用外戚来防范宗室，这就不免会为外戚夺权提供方便。大司马吴汉死后，光武还拟让自己的妻弟阴兴接任大司马，因为大臣的反对才作罢，但死后仍然委自己的女婿梁松以辅政大权。

明帝即位后，一改光武帝为政时的柔道，而大刀阔斧地代之以刚猛。明帝根据光武生前的意思，画二十八将于云台，这二十八将代表了对功臣开国功勋的肯定，但对自己的岳父马援却不予收入，旨在给大臣们一个信号，即自己要限制和约束外戚。有历史书籍可以考证，他的三个舅子马廖、马光、马防都位不过九卿。

说到外戚豪强，就不得不提位列三十二功臣之一，并且主动交纳河西五郡给光武帝的窦融。就其本身而言，窦融为人上合周礼、下对民心，可以称得上是群臣的典范。

曾经光武帝着人向河西发布了一份诏令，大意是向河西之地陈述厉害，其意在于不战而屈人之兵。对于河西的处境，见识之高实乃当世罕见。这令以窦融为代表的河西统治者无不叹服。于是乎，窦融欣然向光武帝回书一封，其间言道：

"臣融虽无识，犹知利害之际，顺逆之分。岂可背真旧之主，事奸伪之人；废忠贞之节，为倾覆之事；弃已成之基，求无冀之利。此三者虽问狂夫，犹知去就，而臣独何以用心！"

最终使得河西之争尘埃落定。窦融崛起战乱之中，以豪爽侠义出名。后来他封爵王侯，担当卿相，却开始邀功求权。而等到他位极人臣，又辞官远宠，一副恭顺小心的样子。随遇而安，和光同尘，知进知退，窦融是多么聪明！

唯一不足之处在于，他不善于约束自己的家人和子弟，结果子孙多不法。在那个纷争动荡的世间，汉明帝为求皇权之稳固，不惜极力削弱功臣外戚的权柄。最终，窦融之兄及子侄或身死狱中，或囷于围城之中，无一善终。

无独有偶，汉明帝对待外戚的刚猛，在自己母亲的一系亲戚中也显现出来，例如太后阴丽华的弟弟阴就的儿子，即驸马阴丰，杀了公主，明帝不为其母所动，依然将阴丰杀死，阴就夫妇也自杀。

杀梁松、败窦氏、斩阴丰，这一系列事件联系起来，便仿佛成为一张掌控功臣外戚的大网，为汉明帝王朝的江山稳固奠定了基础。但也有人评价，这一举措使得人人自危，上下难以一心，所以依照刘庄的才略，当时应该出现的更加清明的政局却始终若隐若现，殊为憾事。因此，从这一点来看，其功过尚且难以定论。

兄弟离心

明帝永平十三年（公元70年）四月，楚王刘英封地上一名叫燕广的人前来向刘庄告发，言之凿凿地说刘英有"君王之志"。其中还特别提到刘英与方士秘密制作金龟、玉鹤，并在上面刻了文字，准备将其埋藏在某地，继而再有意让人挖出。燕广解释说，刘英此举大有意图，旨在妖言惑众，制造混乱，为他发动兵变、夺取政权做舆论准备。燕广甚至还列出了一些名单，并且照名单所示，渔阳人王平、颜忠等都是刘英的同谋！

案卷资料依然静静地被人放在尚书台上，刘庄久久不能平静。曾几何时，刘英还是自己最为得力的助手，反观今日，却变成背主离心之辈。知人知面不知心，此言诚不我欺！

刘庄哪里知道，有人的地方，便会有争斗，便会有背弃。人具有天然的攻击性，它是人与环境相斗争的产物，人在面对外来威胁时都会表现出强烈的本能，以几乎失去理智的仇恨反击外来威胁，进而战胜威胁，确保自己的安全。因此，可以说，刘英的举动实则是为求自保，不得已而为之。

刘庄虽然身为天之骄子，却不得不去面对一个接一个的尔虞我诈。为了揽取大权，别人谋反，自己当然要诛逆叛贼。因此，刘庄试图依照严苛的刑罚整顿吏治、维护统治。当然，他的法律背后的精神并非"人人生而平等",而是要以法作为维护自己统治的手段,是整个统治阶级的法律,即使对于平民的权益的保护,也只是为了维护自己的统治。

被后世广泛斥责为残酷不仁的汉明帝刘庄,面对着刘英叛乱的确凿证据,此刻却并没有立马诛杀刘英。这不禁让刘庄手下大臣们百思不得其解。

其实,这需要从刘荆身死说起。永平十年(公元67年),广陵王刘荆自杀。前文中提到,刘荆怂恿废太子刘彊反叛刘庄,刘彊惶恐之下告发了刘荆,刘庄考虑到,国家初立,正值内忧外患之际,如果杀了自己的兄弟,定然会留下话柄,恐非吉兆。因而刘庄宽恕了刘荆之罪责。本以为刘荆会在感激之下,从此安分守己。岂料刘荆并没有像刘庄预想的那样,反而变本加厉。

刘荆乃光武帝刘秀的第九个儿子。汉明帝永平元年(公元58年),刘荆被封为广陵王。

就在这一年,东汉与羌大战,获取了极大的胜利。在此之前的对羌作战中,刘荆还在四处活动,谋求国家政权。当他到了封地之后,他甚至大言不惭地向相士诉问,自己长得像先帝刘秀,先帝文德武功,自己万难相及,所以在那个群雄并起、逐鹿中原的时代中,先帝才能独领风骚,笑到最后。但如今天下大事定也,自己是否也可以像先帝一样,现在起兵,力求在三十岁之时,荣登权力巅峰?后世认为,刘荆的这一举动,实乃不智。因此对其真实程度也有所怀疑。那一相士惊吓之下,立马将之告诉郡中官员,最终传到刘庄耳中。这一次,刘荆知道自己闯祸了,只得自己将自己关于大牢之中,俯首待命。消息传来,刘庄依然赦免了他的罪责。

依照后世逐渐完善的法律看来,刘荆两次意图不轨,实乃滔天大罪,但都能免于责罚。这一方面是刘庄出于对大局的考虑,另一方面,则是刘荆特殊身份的庇佑。因此,可以说,当时是人高于法的时

033

代,这"人"不是一般平民百姓,而是王公贵族,所谓天子犯法与庶民同罪,不过是一句空头口号。

刘荆在两次谋反之举都被人检举发现以后,稍稍沉寂。眼见大汉江山日渐强盛,天子威加四海,皇恩浩荡,使得百姓安居乐业,边境战事也逐渐平稳,刘荆遂使巫祭祀诅咒。汉朝对于巫蛊之事,一向讳莫如深,早在汉武帝晚年,就因巫蛊之祸而迁怒无数人,血流成河;就连先帝刘秀,都是在巫蛊预言的鼓动下,和其兄长刘伯升一起揭竿而起、创立大汉天下的,其间因为埋藏木人,被人陷害者,更是不计其数。幸得此番刘庄并不是一个特别迷信巫蛊之事的明君,所以消息传到他的耳中,他并没有及时地做出动作。然而,刘荆却因此惶恐不安,害怕刘庄一怒之下,会让自己不得好死,遂自杀,一了百了。本来刘荆一死,应该会天下太平,殊不知当时的世家贵族实力力强大,对于刘荆之死,许多达官贵人们也心有不满,所以联名请奏太后,请阴丽华太后出面,稍稍"询问"了些许关乎刘荆的事宜。言下之意,实则是表达对刘荆之死的不满。

这样就不难理解,何以刘庄会不及时追究刘英的罪责。皇上虽然气愤,并且令尚书、御史、谒者等三台会同廷尉共同调查,但结果出来,即使查明刘英有罪,却也只能把案子拖着。是时太后已经驾鹤西去。但是素有孝顺之名的刘庄,也不能随意违逆母后的心意。此外,世家大族的势力一时间也难以根除,所以杀和不杀,实在难以决断。

直到永平十三年(公元70年)夏,刘英谋反案件尚自紧锣密鼓地审理之中。一日,司徒大人虞延念及当时有名的臣子公孙弘是个难得的人才,就向刘庄推荐,请求将之从幽州召到京师任职。可是他哪里知晓,此刻刘英之案虽然即将尘埃落定,皇朝也如一汪平静的水面,但京师却是即将有一场大变。正所谓山雨欲来风满楼,公孙弘早已经被人列入刘英谋反一案的黑名单,有司衙门正在对其进行调查。虞延此举,无异于自取灭亡。加之阴家闻风而动,诬陷其与刘英早就暗中往来，最终虞延自知难逃责罚，便自裁而死。自永平三年（公元60年）入朝至今，虞延一向以廉洁称誉，先后担任太尉、司徒两职，可谓位高权重。然而虞延死后，他的子孙几乎沦为乞丐，下场悲惨令人感叹。

刘英一案余波尚在，但一波未平一波又起。

虞延一死，刘庄即着人大肆追究"刘英一党"。为鼓励揭发之风，褒扬敢言之士，刘庄随即诏封燕广为折奸侯，统领天下进言之士。继而永平朝历史上最大的一起重案爆发，牵连甚广。有甚者，冤屈下狱，死者难以数计。其中也包括郭皇后生的两个儿子刘康和刘延，亦有人告发其图谋不轨；视其情节较轻，刘庄并没有严加惩罚于他们，只是削减其封地。

丝绸之路上的杀伐

永平七年（公元64年）春，匈奴东山再起，重新成为东汉王朝西北边境的最大祸患。然而此时东汉军力薄弱、良将缺乏。所以刘庄面对匈奴使者傲慢的态度、无理的要求之时，也只能忍气吞声，被迫开放云中、朔方诸郡，不敢轻言战事；并且经由代理太尉赵熹保举，让郑众出使西域。郑众凭借其堪比苏武的才智品德，出色地完成了任务，为此时的东汉争取到继续休养生息的时间。

永平十五年（公元72年）四月，经过与耿秉、窦固、祭肜、马廖、刘张、耿忠等人的讨论，考虑到东汉经过多年休养，国力日盛。于是汉朝觉得对西域用兵的时机已经来临。经过详细讨论，汉明帝刘庄最终决定先取白山，夺取伊吾，然后再攻击车师，继而出师匈奴周边列国，达成实际意义上的合围之势；并于次年沿着后世之丝绸之路，率领几路大军各自浩荡而去。

此次会战，东汉王朝总体上取得了较大胜利。尤其是所率领大军，在对匈奴作战中，更是取得了自东汉立国以来最为重大的胜利。当窦固和耿忠的大军抵达天山（今蒙古杭爱山）之时，立马抓住战机，一举击溃北匈奴呼衍王，浮尸千余。北匈奴人大溃，东去无门、北逃无望、南遁无路，只得一路西窜。而汉军经此大胜，士气大振，焉能轻易放过匈奴诸部？

于是汉军穷追不舍,一直追到蒲类海(今新疆巴里坤湖)。此地已经是西域胡人之地,南方无人可拒匈奴铁骑,所以匈奴人便调头南逃,窜入了伊吾卢(今新疆哈密)地区。正所谓兵贵神速,大汉军队将士齐心,日行数百里,如风驰电掣般追到,双方再次展开大战,匈奴又败。此战一败,匈奴再无反败为胜的转机,最终全军覆没于汉军铁蹄之下。

从此,蒲类海、伊吾卢一线的匈奴势力被彻底肃清,窦固向汉明帝刘庄上奏报捷。刘庄听闻大喜,遂颁诏在此地设置宜禾都尉,同时命令窦固在伊吾卢城周边留下将士开荒屯田。

开始说道,汉朝出动了几路大军。其中有两路大军分别由驸马都尉耿秉、骑都尉秦彭以及骑都尉来苗、护乌桓校尉文穆带领,向北而去。可惜北方的匈奴诸部早就望风而逃,使得两路大军无功而返。更有甚者,如太仆祭肜与原南匈奴左贤王牵鞮信一起率领大军袭取高阙要塞之时,由于王牵鞮的构陷,祭肜被冠以"率军逗留、畏缩不前之罪"。汉明帝一气之下,将其斩杀。一代忠臣良将就此陨落。汉明帝刘庄气过之后,对此也是追悔莫及,可惜悔之晚矣。

此后,汉朝为继续维护西域边境的稳定,欲选一名才德兼备的官员出使西域。这对一向奉行"男儿何不带吴钩,收取关山五十州"的班超而言,无疑是一个可以一飞冲天的绝佳机会。

班超原本是一个手无缚鸡之力的书生,久居穷困潦倒之境地。百般努力之后,依然无所作为。一日见汉军招兵,考虑良久,终于下定决心,愤而掷笔,应征加入大汉军队,以图建功立业。这就是著名的班超"投笔从戎"的故事。此后在诸多战斗中,班超皆勇猛异常,屡立奇功,逐渐从底层士兵之中脱颖而出,并深得窦固的嘉许。是时西域各国多归附于匈奴,皇帝便想若自己派出使者,说服西域诸国为大汉效力,不仅可以在军事上打击匈奴,还能在政治上孤立匈奴。于是发布诏命,急切希望窦固可择出一人,担当出使西域诸国的重任。如此重任,让这些武将出身的人去担当,哪里能够完成?这让窦固大为发愁。

班超见状,越众而出,愿意领命西去,为大汉建立不世功勋,大有"初生牛犊不怕虎"的气概。窦固知晓班超早年也算是饱学之士,只是郁郁不得志,这才选择从军,心想军中一时之间,还真的只有班超才能担当如此大任,于是便答应了他的要求。最终班超不负众望,以其"不入虎穴,焉得虎子"的勇谋,说服西域各国与大汉交好。就因此事,再加上其兄弟班固在汉朝为官的大肆宣传,班超得以一鸣惊人,成为天下瞩目的风云人物。在这期间。班超率领仅仅三十六人辗转于鄯善、于寘诸国,凭借其勇略游刃于西域诸国与匈奴之间,巧施妙计,诛杀匈奴使节,征服西域诸国,成就赫赫声名,威震西域。此前丝绸之路已经断绝,经过班超的努力,丝绸之路得以重新贯通。次年刘庄又设置西域都护,为汉朝统治西域各地提供政治保障。这些都极大地拓宽了东汉版图,为其边境的长期稳定、国力的日渐强盛奠定了基础。

白马驮来佛经佛典

一日,刘庄与群臣刚刚收到西北战报,言及窦固所领大军在西北战场上大胜。消息传来,举国欢腾。刘庄窃以为自己必将成为千古明君,受万世景仰。当晚,刘庄单单召班固入朝觐见。此时班固正在全力写就《汉书》,此次入朝,刘庄就是希望一向刚正不阿的班固能够为其此次功业,写上浓墨重彩的一笔。

当明帝问及班固将如何记述其功过时,班固只答如实记述。再次试探之下,明帝见其无听从自己直言、大肆渲染自己功绩之意,遂着人赏赐,也算是留下人情。是夜,刘庄夜不能寐,对自己一生之功过反复考量,最终难以得出结果,不知不觉之间,已是酣然入梦。梦中忽见一个身高一丈六尺的金人,身上放着光芒,从空中飞进了宫殿。

次日,刘庄在大殿之上,向群臣问及此事可是有何意指。耿秉之好友傅毅也在朝为官,平日里亦和摄摩腾等高僧有过接触,于是,他上得前来,欣然答道:"西周太史苏由推测,一位大圣人在西天诞生。这位圣人降临人间只为救苦救难,其信义,于一千年后就能传入我国。屈指算来,那时至今将近千年,陛下梦到的金人,大概就是这位圣人!据臣所闻,现在西域有位神人,其名叫'佛'。陛下梦见的必定是他。"

耿秉听闻,甚是惊奇,心想莫非这就是摄摩腾所说的"时机"?于是当堂告诉刘庄,自己与一位得道高僧摄摩腾颇有交情,此刻他已经返回西域大月氏。陛下可以着人西去拜谒，正好此时西域已经贯通。

刘庄听后兴趣大增，遂命人去西方求取佛的真意。他选派博士弟子秦景等十二人，择黄道吉日，前往西域寻佛求法。他们沿洛水而上，向西行去，一路可谓历经九九八十一难，方才到达大月氏。只见大月氏举国上下，寺院众多，宝塔林立。秦景等人随即采买大量佛像佛经等物。完毕之后，忽见摄摩腾与另一高僧竺法兰早已经等在那里，秦景诸人尚未说明，他二人便已经知晓其来意，并愿意随其东来，借帝王天威，弘扬佛法。一时间，东来寻求佛法的人，都视摄摩腾等为神人也。

因为两位高僧来时住在大月氏的鸿胪寺，"寺"之名，也是当地居民所称。故而后世相传，僧院都称作"寺"。"永平取经"归来之时，大部分佛经、佛像都是由一匹白马跋山涉水地背负而来，故刘庄特命将寺院命名为"白马寺"，以慰白马之功劳。

当然，以上都取自古代传说，真实与否现今难以考证。但佛教从东汉时进入中国，并在南北朝以后日益兴盛，则是不争之事实。并且佛教在以后的中国历史上，逐渐占据重要地位，与儒家、道家一起，成三足鼎立之势，维系着中国人的精神系统。

明帝善于以法律治理国家，而且法令分明。夜以继日上朝理政，幽暗屈枉之事必能陈清。朝廷内外没有宠幸偏袒的私情，身居王位亦没有骄傲自负的表现。依据实情判断案件，用刑至少只相当于前代的十分之二。因而后人在谈及治国之道时，无不首先称赞建武、永平二位皇帝时的政治。

史载刘庄"乙更尽乃寐，先五更起，率常如此"。可见其确实是一个十分勤政的皇帝，素有爱民之美誉。只是对待百官臣属、兄弟外戚，则善用严刑峻法进行控制；对待周边民族，则多以战事为先。是功是过，尚自难以评说。

第三章

明章盛世繁荣

皇太子离奇身世

刘秀一统天下之后，对阴丽华一家甚为倚重，这并不代表刘秀没有汲取前朝外戚专政导致王莽最终废汉自立的教训，而是刘秀做好了万全的准备，他有信心让阴氏一门忠于自己、辅佐大汉。

及至汉明帝刘庄继位，一样继承了先帝在位之时的做法，对外戚甚为倚重和照顾。其中，刘庄的两个舅父，即阴乡侯阴识、关内侯阴兴皆是忠贞正直之士，在朝野内外都口碑甚好，贤名之声四海雅望。除此以外，他俩还在汉光武帝刘秀夺取天下时，立下过赫赫战功，因而他们在世之时，皇帝对阴氏一族甚为倚重，他们也约束着族人，让他们遵纪守法，遂使得阴氏一门成为自西汉以来贤名最甚的外戚。阴丽华的父亲阴陆早在建武九年（公元33年）就离开人世，刘秀遂追封其为宣恩侯，因为阴兴是庶出，所以其爵位被阴就继承，后改为信阳侯。而阴兴到死也只是一个关内侯。然而，这个阴就却是一个志大才疏之人，因而臭名在外。

永平二年（公元59年），阴丰驸马府中，就在这一年，阴识因病逝世。而阴兴早在建武二十三年（公元47年）就离世。自此，阴就成了阴氏家族的族长，失去制约的他，越发地无法无天。

而阴丰就是阴就的儿子，按理说，能够成为驸马，应该被视作阴丰的荣幸，同时因为受到公主的制约，阴丰会变得老老实实。然而，三天已经过去，阴丰尚没有回到驸马府中，郦邑公主独守空房，其中的寂寞，何以排解？其实郦邑公主并无甚不良心机，只是眼见阴丰日渐放肆，在外浪荡不堪，在家无所作为，大有"恨铁不成钢"之感。

且一切罪过的因由，皆是源自阴丰之父阴就。阴就放肆不法的作为，在各个方面均深刻影响到阴丰，"上梁不正下梁歪"，是故阴丰虽正事不成，在歪门邪道上确实"天赋异禀"。原本公主嫁于阴丰，就只是一场政治婚姻，所以郦邑公主对阴丰，根本谈不上任何感情和爱意。此外，公主也是个娇纵成性的人，要知道，她是刘秀与阴丽华最小的女儿，自然被视为掌上明珠，含在嘴里怕化了，捧在手心怕碎了，到了阴丰府上，不仅没有得到应该有的宠爱，这阴丰竟然还屡次想要讨几房小妾。二人婚姻逐渐不谐，甚至逐渐朝水火难容之境地迈进，两人经常吵架，甚至还屡屡动手。

阴就不止一次因此训斥阴丰，但阴丰都当作耳旁风。后来阴丰又与公主吵架，激动中公主辱及阴就，阴丰盛怒之下将公主刺死。

阴就闻讯，大惊失色，遂快步走到驸马府上，一见公主倒在血泊中的尸体，顿时吓得血色全无，随即昏厥。待得他醒转过来，连忙下令将阴丰这个忤逆子捆绑起来，再命人将自己和阴丰的母亲一同捆绑，一起入宫而去。

公主死，阴丽华和刘庄均感到皇家颜面尽失，而且这公主可是整个刘氏的掌上明珠，阴丽华大受打击，无形之中给刘庄施压，兼且刘庄和公主的关系也很不错，大怒之下，遂将阴丰斩首。

犯罪之人虽然皆受到该有的惩罚，但对于刘庄之母阴丽华的打击却是甚为巨大，一方面，阴丰是阴丽华的侄子，另一方面，公主是阴丽华的女儿，任凭哪一方遭受损伤，都是阴丽华不忍心看见的。一时之间，阴丽华心底创痛难以愈合，既因为自己女儿之死，也因为阴氏家族遭受池鱼之殃，从此一蹶不振。

最终，阴就及其妻子也没有逃脱责罚，毕竟，他只是阴丽华同父异母的弟弟，兼且皇帝历来就看不惯阴就的所作所为，遂令其自杀而亡。同时阴丰之祸，还让其族人遭受鱼池之殃，刘庄下令将阴氏一门子弟的爵位尽数废除。

阴氏一门既然轰然倒塌，一个左右东汉后宫局面的人物便趁机粉墨登场，她就是马氏，亦即以后汉章帝的母亲、汉明帝的皇后。鉴于阴丽华伤心过度，身体境况每况愈下，刘庄便遣马氏照顾太后。

马氏自从与刘庄成婚以来，贤妻良母的形象便日渐深入人心。刘庄对其甚为满意，甚至在继位之初便想册立其为皇后，但最终只是封其为贵人。原因在于，一方面，前文提到过的马氏之父马援受梁松陷害，至此尚未被平反；另一方面，则是皇后册立需要寻求太后阴丽华的同意，然阴丽华此刻正卧病在床，刘庄实在不便开口。在马氏的精心照料下，阴丽华得以康复，马氏也因其贤德美丽，深受阴丽华的喜爱。此外，马氏因考虑到刘庄子嗣有限，便以大度之心向刘庄引荐美女，尽心尽力之处，唯恐疏忽怠慢，不存丝毫妒忌不平之心，这在很大程度上赢得了皇上刘庄的信任。

永平三年（公元60年）正月，阴丽华太后首先进言，要求册立马氏为后，百官宫闱皆表同意，皇帝刘庄亦早有此意。二月十九日，马氏顺利被封为皇后。其子刘炟也顺利成为太子。

刘炟虽然称呼马氏为母后，但他并不是马氏的亲生子嗣，马氏一生无子，成为其最大的隐痛。刘庄亦深感惋惜。永平元年（公元58年），贾贵人诞下刘炟，刘庄认为他是永平年间的第一个儿子，故而相信刘炟乃上天所赐龙子。溺爱之下，刘庄特将刘炟交付马氏养育。

阴丽华病重时候，马氏想尽各种办法，以求阴丽华太后早日康复。急切之间，她便想到将自己的养子刘炟带到宫中，为深宫禁苑提供一丝生气，相信太后看见刘炟，势必会心情大好，其病不治自愈也不是没有可能。

正如马氏所料，刘炟在太后身前表现甚好，充分显示出其作为王子的聪明灵巧,深得阴丽华的喜爱。兼且阴丽华因此病愈如初,皇上龙颜大悦,对马氏及其养子刘炟更加恩宠。一时之间,刘炟可以说是集万千宠爱于一身。

因此,在马氏成为皇后之时,刘炟亦被册立为皇太子。刘炟因为一直没有被允许和其生母贾贵人见面,所以亦不知晓马氏是其养母。他能顺利成为太子,一方面是由于时机得当,自己充分展示出以后的发展前景;另一方面,则是子凭母贵,马氏对刘炟视若己出,而皇上太后爱屋及乌,皇太子之位自然非刘炟莫属。

国不可一日无君

永平十八年（公元75年），刘庄暴死，一时汉室江山群龙无首，各方势力蠢蠢欲动。

马氏知道，刘庄归天而去，自己即将成为左右时局的关键人物。姑且不论自己如何伤痛，曾经纵使有万种风情，今后也只能是孤芳自赏，马氏也只能笑对即将到来的风云变幻，因为不只是刘庄的亡灵在看着她，全天下的百姓和整个朝堂的文武百官也在关注着她。为今之计，只有先封锁刘庄猝死的消息，避免朝纲大乱、天下浮动才是国之大事。所以马皇后急忙命令左右，严密封锁陛下归天的消息，同时封闭北宫大门，非有诏书者严禁入内，有违此令，可先斩后奏。

随即，代理太尉赵憙、司徒鲍昱、司空牟融等人得马皇后允许，紧急入宫。何以三人在马皇后严禁进入宫门，秘密封锁消息之时，还得以受皇后召见？

这是因为，先帝在位之时，皇后便深知三人皆是忠勇之士，可堪大任。其中，新任司徒鲍昱，虽然在三公中最为年轻，却是开国名臣鲍永之子，且一向有贤名，刘庄生前对他颇为看重。而十九年前，先帝刘秀的丧事便由现任代理太尉赵憙办理，他有过处理此类事情的经验，足可倚重。

三人早已经在来前商议决定：家不可一日无主，国不可一日无君，当前最为重要的事宜在于，马上扶持太子刘炟登基，再布告天下，为皇帝刘庄发丧。听完三人建议，马皇后欣然允许。

而此时的邙山之上，马皇后的两位娘家兄弟正在紧锣密鼓地布置皇上归天后的打算。虽然皇后已然严密地封锁消息，可纸又如何能够包得住火？特别是对于马廖、马防这两位有心之人来说。此次，二人决定连夜入宫，若能及时帮助皇后稳定宫中大事，扶持太子登基，则二人今后当可一步登天，成为新任皇帝的定策勋臣，荣华富贵必然终生享用不尽。

可惜他们不知，此时皇后早已经是刘家之人，为了刘氏宗族，会不惜一切，即使牺牲自己父母兄弟的利益也在所不惜。因而二人虽然及时赶到宫门，却不得进入。因为守宫之人正是皇后及当今太子十分倚重的杨仁。二人虽然欲凭借自己皇亲国戚的显赫身份闯宫，为自己这千载难得的机会拼搏，但是当他们面对杨仁说一不二、杀伐果断的威势之时，也不得不作罢。

虽然此次事件得以解决，但并不意味着这些皇亲国戚会就此罢休。毫无悬念，杨仁最终成为此次事件的牺牲品。

据传，刘炟继位以后，马廖、马防二人随即弹劾杨仁，说二人意欲探视皇上安危之时，杨仁当场阻拦，意行不轨，因而犯有大逆不道之重罪，按律当斩。依照一般逻辑看来，杨仁奉马氏谕令，镇守宫门，面对权贵依然毫不畏惧、刚正不阿，为皇宫之稳定甘冒风险，非但无过，反而有功才是。但是在马氏和刘炟看来，虽然杨仁忠勇可加，能堪大用，但是相较马氏二兄弟，其价值就远远不如也。于是乎，杨仁本有大好前途，但因为荣立此等"功劳"，终被贬为一方县令。而杨仁呢？他不但没有心怀怨恨，而且还对皇上之仁慈英明感恩戴德。由此而观之，人的思想动态，可以说是无时无刻不在变化之中。君子可以变为小人，敌人可以变为朋友，只待时间和环境的"修正"和"雕琢"。人们对这种变化往往感到不可捉摸。实际上,变化都是一点点渐渐发生的,如同清水煮青蛙,不易叫人察觉。可是只有我们静下心来,就会发现昨日之我与今日之我之间的可怕鸿沟。所谓今吾非故吾,就是说明这种情况。

书生治天下

刘炟本是个书生,工于书法以及儒家经典,称呼其为"书生皇帝"亦不为过。历来皆有人认为,书生即是软弱无能、极好意气用事之人,因而用之于国家,则必为国之祸患。登基成为九五之尊的刘炟,又会是一个怎样的皇帝呢?

历史证明,只要能够充分利用自己所学,因循时势,书生也未必就会成为百无一用之人。刘炟在接下来的统治之中,对于各种关系的处理表现得尤其突出,充分显示出一代明君的卓然智慧。

前面提到,班超在西域真实显示出"将在外,君命有所不受"的果决。我们亦见识到刘炟在对待班超之时的随机应变的能力。但是,在对匈奴及西域的政策以及在对内是否延续汉明帝在位之时所用政策上,汉朝百官重臣还经历了一场不亚于任何战争的唇枪舌剑。

在对内统治问题上,以太傅赵熹、司空第五伦为代表,主张改变明帝时期的严刑峻法,力求仁政治民,这似乎暗自与汉章帝所遵循的儒家之法相应和。而以太尉牟融、司徒鲍昱为首的强硬派则认为,只有延续依法治国的英明抉择,才能保持汉朝天下有法可依,人们皆循规蹈矩,百姓安居乐业,世事升平欢喜。

而在对外政策上,汉明帝在永平十五年(公元72年)以后,就着手准备对匈奴作战。班超出使经营西域,汉军在与匈奴的作战中,也取得一些胜利，但国力消耗太过迅速。至今不过三年，却已经导致国家日渐衰弱、百姓苦不堪言。因此，以校书郎杨终为代表的朝中大臣，便开始直言相谏。他们普遍认为，世祖刘秀确立"止戈息武"的国家大计，国家才得以修生养息。然而明帝继位之后，对西域诸国动武，原因有四：一来国力日盛，二来边患四起，三者怀有雄霸之心，四者则是铁血政策之施行。然今日边关战事渐渐平息，时值天下大旱，百姓温饱堪虞。为今之计，当重新遵循世祖皇帝所立政策。司空第五伦亦同意杨终所谏言。皇帝刘炟亦感觉其道理所在，然而他并不能就此决断。因为他明白，只有广泛征求意见，才会求得最终最好的解决办法。

与此同时，太尉牟融、司徒鲍昱则强烈认为，一来当前汉军已经在西域各方的政治外交和军事上取得巨大进展，如果半途废除既定国策，则过去之努力即会全数付诸东流；二来古语有道"孝子三年不改乃父之道"，先帝刘庄在位之时，便已经定下对匈奴的铁血战略，如若改之，恐怕皇帝刘炟会枉自背负不孝的名声，对国家不利。

一时之间，朝堂陷入僵局。直到第五伦等以始皇帝穷兵黩武、大兴土木，最终招致强大无匹的秦国败亡的结局为根据，劝阻刘炟以高祖刘邦、世祖刘秀为榜样，与民休息。只有放弃西域诸国，与匈奴等边陲国家订立和平盟约，才能够永葆大汉江山之稳定，成就太平盛世之功业。刘炟才终于下定决心，制定自己成为皇帝后的基本国策。

刘炟自小便学习儒家经典，儒家思想对他现在的抉择以及以后的施政，都产生了巨大影响。他亦希望依靠"礼治""德治"思想教化百姓，慑服四方。

汉章帝刘炟亦需要标榜自己的孝廉之名，以教化天下，获取民心。窦皇后拿来《舜典》，他便以其"五教在宽"为宗旨，顺便赞颂一番先帝刘庄一生的功业。当然，在延续刘庄功业之同时，亦要进行革新。为防止人心涣散，臣属离心，只能用古代经典如《大雅》《春秋》等为自己的施政策略找到理论根据。

此后，汉朝一改过去严刑峻法的政治方针，转用宽和以待天下。

刘炟要求各级官员各自奉献真诚，专心地去办理人们所急的事。同时，还一改先帝刘庄在世之时的严刑峻法，对于犯罪不够死刑的，等到立秋以后立案核实；对于一般罪犯者，尽量能够在使其改过的基础上，轻判其罪责。有关主管要明白选举人才的重要性，推荐贤良，罢免贪官污吏，顺应时令，清理冤狱。

经过皇帝的仁治，天下得以舒缓一口气。即便如此，皇帝仍然时时自危，如此治理天下，真可说是"战战兢兢，如履薄冰"。孤立无援的皇帝，深感需要有人来辅佐自己。因此，刘炟坚持不拘一格选拔人才的策略，不以出生高低贵贱作为评判人才优劣的标准。如何获取自己需要的人才呢？刘炟想到，需要命令太傅、郡守等人推举人才，并采取举孝廉的方式，找寻人才去补充县令、郡守等官职。最后，他还特别命令把上林中的泡沼禁苑田赋给贫穷的人。

经过刘炟不懈地努力，汉朝又出现了欣欣向荣的景象。刘炟勤政爱民、虚怀纳谏的仁君之名得以名留千古。刘庄在位时采用铁血政策，至今为止，朝中大臣仍然对当初动辄杀人盈千的恐怖形象心有余悸，因此，刘炟采取的仁治，无疑是收取人心的绝佳手段。加上对汉朝周边地区的和平政策，刀枪入库，马放南山，人民重新得以休息，沉重的税赋、徭役得以减轻，天下千万百姓有感皇帝恩德，浩荡天恩，为民所赞叹。一时之间，天下归心。

来而不往非礼也

汉朝自武帝以来，在对外问题上都采取的是主动进攻的战略。及至刘炟继位，面对百废待兴的国家时局，加上自己从小接受儒家思想的熏陶，自然趋向于将国家政策由铁血转为平和。然而一个人的轨迹且变幻难测，何况一个国家的政策呢？虽然汉章帝不再对外进攻，但是在各种原因之下，边关战事依然不绝。被逼无奈之下，汉章帝刘炟只能高举旗帜，举兵迎战。软弱和被动，是不能够取得敌人的尊敬的，只有以牙还牙，才能够保家卫国、拱卫天下。

毫无疑问，自西汉以来，北边匈奴就一直是汉朝防范的焦点，但自建初二年（公元77年）之后，匈奴战败，西北边境便由此进入相对较长的平和时期。但南方战事则持续了较长的时间。

自建初元年（公元76年）开始，南方哀牢王就开始对大汉郡县进行进攻，而其起因，则要追溯到永平十一年（公元68年）春天。这年，哀牢王柳貌主动归附汉朝天子刘庄治下，刘庄经过认真的考虑，随即任命郑纯为益州西部都尉，管理哀牢国的土地。郑纯是广汉郡人，深谙为官之道。他到任之后的第一件事情，便是四处走访，了解当地的风土民情。郑纯为官清廉、善用宽和之道教化当地人。没有多久，当地人就对郑纯产生了很深厚的感情，郑纯不辱使命，终于在当地扎下了根，并利用自己的影响力，向当地人们传授汉人的礼法和农业手工业相关方面的技术。郑纯的行为使当地发生了翻天覆地的变化，哀牢国人民也深感其恩典，对于汉朝的统治，也逐渐习惯和适应。可惜事不久长，随着郑纯的去世，他的继任者便不再延续郑纯的治民政策，而是不考虑实际，盲目地向当地人推行汉法，遇有不服从教化的人，就用严刑峻法对其进行惩治，一时之间，哀牢国地区人民对汉朝官员畏惧如虎。然而自己无数代人薪火相传留下来的传统，又如何能够在短时间内改变呢？即使改变，也应该在自愿的前提下，而不是屈服于暴力强权。

早在汉朝派人进入哀牢国地区以前，哀牢国国王柳貌的归附举动就有一些人反对，他们认为这是背弃祖宗和传统的大不敬行为。哀牢国数代人的基业，就这样拱手让人，自然使得那些元老重臣们心有不甘。只是因为柳貌在当地人心中的地位甚为崇高，所以那些内部反对势力也只能心里不服，而没有相应的行动，加之当时汉朝强盛，威加海内，四夷拱手，使得他们一时之间，倒还找不到有力的反对理由。而且由于郑纯的宽仁政策在当地甚得人心，这种反对之声也就日渐淡化。

等到柳貌一归天，新任的哀牢国国王类牢便在反对势力的鼓动下，准备起兵反对汉朝。加上汉朝官员的欺压和盲目执政，哀牢国居民和当地统治阶级终于忍无可忍，断然起兵。当地首府不韦县陷落，太守以下的地方官员全部被杀。哀牢国势力在取得进攻不韦县的胜利之后，兴兵继续向北。不久，益州告急。刘炟接到益州的告急文书，急令益州刺史调集各郡兵南下增援。他下了严令，无论如何也要守住博南山北麓的博南县，等待朝廷援军的到来。

虽然皇帝早就决定不擅自对周边地区动刀兵，但事已至此，就由不得自己了，只能先平定叛乱，再徐图进取。

正在刘炟为边境战事四起而发愁之时，十一月，阜陵王刘延谋反。

权利争夺，古今有之。但唯独皇室之中的争斗显得尤其激烈。叛乱者成功则已，不成的话，只有死路一条，而且自己的族人也要跟着遭殃。因此古今中外，皇室之中的兄弟相争，都让人谈起色变。其血腥和残酷，丝毫不亚于一场旷日持久的大战。

很明显，刘炟并不是嗜杀之人。相反，他看到自己叔叔谋反的消息，并没有当即派人去抓他，而是着人严格按照法令，对其罪行进行辨别真伪。最终的调查结果表明，刘延叛乱罪证确凿。但是其叛乱的手段就不是很高明了，他并没有联合文武官员进行逼宫，也没有擅自调集军队围攻宫廷。他幼稚地认为，使用巫术可以让刘炟陷入危机，使得自己登上皇帝宝座。与其说刘延有罪，不如说是他糊涂。当年刘秀因为巫卜预言起家，但并不是因为它真的有什么实际的神奇作用，而是因为这巫蛊之事广为天下人所知，让人相信便发生了作用。

刘炟是一个崇尚教化和仁治的皇帝，要一个以仁为本治理国家的君主，去杀自己的亲人，实在比较困难。兼且刘延叛乱的影响力并不是很大，对刘炟也并没有造成事实上的威胁，因而刘炟一开始将他贬到一个小国，不久赦免了其死罪，贬为阜陵侯。当然，刘炟知道，百足之虫死而不僵，刘延虽然被贬，但其根基尚存、元气未损。为防止他再次犯上作乱，刘炟就软禁了刘延，时刻派官员监视他，并且不准他与其他任何人进行接触。公元87年，经过多年的观察以后，刘炟发现刘延终于变得老实起来，于是再次封他为王。刘延在两年后病死。

这时候，刘炟已经开始习惯自己九五之尊的位子，并为巩固自己的帝位做出各种各样的努力，军事上对敢于反叛的势力进行镇压，收缩西北战线的兵力，例如史书记载："甲辰日，撤销伊吾卢的屯兵"。政治上以宽仁的心处理国家大事，不像过去刘庄那样，动辄杀人数千，致使朝野上下一片恐怖。

除此以外，刘炟还对刘庄造成的冤假错案进行部分平反。而在经济上，刘炟则主要依靠的是重农主义，他为了发展农业，获取王朝自立的根基，甚至劝解一些商人回去务农。

刘炟曾发布诏令劝事农桑。诏令发布后，官员得以各司其职，农业得以充分发展，在军事上的处境也日渐好转。根据《后汉书》上记载："永昌、越巂、益州三郡民、夷讨哀牢，破平之。"从这段话中可以知晓，建初二年（公元77年）之时，皇帝刘炟紧急诏令三郡居民对哀牢大军进行抵抗和征讨，终于破其军队，平了他们的叛乱。

第四章

宫内宫外战争不息

馬伏波

楊有鄰

封侯非我意

刘炟与刘秀相比，其勇略不足；与刘庄相论，其果决不够。刘炟从小就没有经历过什么大的战事，刘庄也没有给刘炟多少可以独当一面的机会。因此可以说，刘炟其实是在亲人的庇护下长大的，加上他从小接受诗书礼乐的教化，所以他应该是一个相对比较软弱的君主。

刘炟其实比其他任何人都清楚自己的长处在哪里，自己的不足又在哪里。俗话说得好，守业更比创业难，汉朝此时早已是江山稳固，作为一个守成的君主，只要国家不发生内乱，外部边境相对稳定，国计民生有所改善，自己就算是"功德圆满"了。而要达成这些目标，靠自己一个人的力量显然不够。而他又不能完全信任一般的臣属，因此，刘炟选择了自己的亲人作为臂助。他大肆封赏母后的马氏家族，让这些拥有较大实权的亲戚们，死心塌地地效忠于自己。

这年春天，大汉一些州郡再次爆发了严重的旱灾。有人上书说，因为对功臣亲属的封赏不足，上天便降下灾难，以发出警示。这当然不能让刘炟全面相信，毕竟自己也算是一个皇帝，那些上天暗示云云，不过是别有用心之徒为自己谋利益而找的借口罢了，更多的时候，是皇朝内部为维持自己的统治，而采取的愚民手段。但是这一封上书，皇帝竟然采纳了其中的意见，很显然，它为皇帝封赏外戚重臣们提供了一个契机。

刘炟毕竟比较年轻，虽然马氏已经逐渐淡出东汉皇朝权力的中心，但威信可是一点都没有降低。因此，皇帝要施行封赏外戚重臣的政策，还必须要取得太后马氏的支持。而马氏会支持吗？

说马氏是一个看似忠厚却绝顶聪明的女人，一点也不为过。从来后宫嫔妃之间的争宠，就是一场看不见硝烟的战争。当初争夺皇后之位，马氏能够从步步危机、层层杀气的深宫内院之内脱颖而出，成为母仪天下的唯一女子，又岂是一般女子？

说起马氏，她从小生于显贵之家，对于皇宫权力的那些尔虞我诈、明争暗斗早已经是司空见惯。而且她从小开始习读历朝史书，对于国家兴亡、个人祸福的道理，也早就深谙于心。马氏知道，如果皇帝赋予外戚太大的权力，非国家之福气。当然，她也许会考虑得更为狭窄一些：如果将来外戚权力过大，则自己的儿孙们势必会遭殃；反之如果一旦儿孙们有能力独当一面，并且认识到外戚权重的害处之时，那自己的那些亲戚们也就会祸从天降了。一面是自己的族人，一面是自己的儿孙，无论是谁受到不应该受到的伤害，都是马氏不希望看到的。

当然，这之中最让马太后恐惧的，还是后者。因为就在不久之前，马氏就经历了外戚权重而招致皇帝削权杀人的惨剧。每念及此，马氏都会不寒而栗。

首先是刘庄在位之时，马氏的父亲马援被害一案。

马援本来就已经是皇亲国戚，地位显赫，天下少见。然而他却依然贪功冒进，招致在关键一战上的大败。马援素有贪财之名，所以先帝见其吃了败仗，就显得尤其生气。加上梁松的构陷，马援哪里还有幸免于难的道理。从这一点，马氏深刻地认识到，自己家族要想长盛不衰，必须要学会韬光养晦。仅仅凭借一颗对皇帝的忠诚之心是远远不够的，因为那可能会在自己权力达到一定高度之后变质，也可能会在自己"功高震主"之时，为皇帝所不容，更可能被别有用心的小人所陷害。怎么样的作为才算是韬光养晦呢？马氏认为，一方面需要在有功劳时不居功自傲，无功劳时不一味贪功；另一方面，则是要谨防财富权力对人的腐蚀，只有相对地洁身自好，才能够保证皇帝对自身的长期信任，才能够保证自己家族的兴旺不衰。

其次则是阴丽华一家的悲剧。阴丽华一家如果能够洁身自好的话，又何至于遭受家破人亡的悲剧？曾经阴兴、阴识主持家务之时，阴氏家族的声誉很是不错，皇帝为此也甚是高兴，然而到了阴就主持家务之后，阴氏一门便开始不奉节守礼，仗着皇室家族对他们的信任和宠爱，仗着阴丽华是母仪天下的皇后，不把天下人放在眼里，任意妄为，最终导致阴丰杀死公主的惨剧。阴氏家族自此一蹶不振，就连阴丽华贵为皇太后，面对当时的处境，也只能望洋兴叹，有心无力。

多年在阴丽华身边伺候，马氏比其他任何人都清楚阴丽华的苦衷。俗话说伴君如伴虎，自己的丈夫刘庄不正是一个比老虎更为凶狠的君王吗？多年在刘庄身边，亦让马氏对皇室宫廷内部权贵之间的争夺甚为担忧和恐惧，生怕有一天这种祸患会再次降临到自己的家族头上。因此，刘炟欲想封赏外戚的举动，对马氏而言，无疑是在她头上悬起了一柄随时可能落下的锋利宝剑。马氏皇太后，已经四十多岁的人，再去参与皇室内斗，此刻已经是力有不逮，她只想过些安稳的日子。

所以当刘炟向皇太后马氏提及要大肆封赏马家亲戚之时，马氏没有任何的高兴和激动，反而面色一沉，心中不悦起来。因为，她知道，这也许会演变成为一场灾难。

前面刘庄升天之后，马氏兄弟便想趁势进入皇宫，帮助刘炟继位，进而自己可以青云直上，为天子执掌权柄。但都被当时的马皇后派人阻止了。此刻，马皇后已经变成了马太后，但是自己的基本原则不会变，因为她知道，自己家族的马氏兄弟，马防、马光兄弟只是纨绔之徒，实在是烂泥扶不上墙。只有马廖还算有些才能，但都难堪大用。马氏兄弟仗着自己皇亲国戚的身份，早已经成为名重一时的大官，如马廖成了九卿之一的卫尉，马防做了中郎将，马光则当了越骑校尉。

前面司空大人第五伦刚刚奏报刘炟，说当前皇宫内外，群臣上下对马氏兄弟多有不满。马氏就开始对自己的这些个兄弟有所警觉，于是派遣下人前去查探，一见之下，甚为吃惊。自己仆役的穿戴十分朴素，但却应该是整个京师最为高贵的待遇了，岂料与马府仆人的绿衣白衫相比，竟然显得寒碜之极。这还是马氏兄弟无法无天的沧海一粟，比这更过分的都不胜枚举。不久之后，马太后决意去往别院修养，路过马家在京师的府邸之时，竟然看见成群结队的官员来此拜谒，其间会不会发生什么欺上瞒下、贪赃枉法的事情，就难以预料了。不过这一切，马氏都只是隐而不发，因为暂时她还不想让事情闹大，加剧马家的危机。为今之计，马太后只能坐观事态发展、相机行事。

直到一次马府置办丧事之时，竟然大违祖制，修筑高坟。在当时甚为尊崇祖制的时代背景之下，此种做法，无疑会惹人非议，指责他们僭越祖制。马氏听闻，大惊失色，这一次，无论多大的影响，都需要管一管了。于是，马氏急忙命人召集马氏兄弟入宫，陈述其中利害，并对马氏兄弟的做法进行了严厉的责问，怎奈他们不但不知悔改，还以孝顺之名为自己的所作所为辩白。马氏也只能叹息一声，让他们先行离去，然而她心中的担忧，却更加严重了。

由此可见，如若刘炟进一步地重用马氏三兄弟，则三人必将会难以自重，骄奢放纵的性格也必将会变本加厉，最终使得一向宽容的刘炟也会忍无可忍。正所谓一朝天子一朝臣，马氏在世，协调各方，小过可以为其遮挡，大过亦可以逐步化解，无论如何，马氏的太后地位无人可以撼动。但这并非长久之计，倘若某天马氏西去，留下马家族人，不知节制之下，很难预料会不会重演阴丽华家族的悲剧。

于是皇太后下定决心，竭力去阻止马氏家族被赐爵封侯。然而不知为何，刘炟这次似乎铁了心要封赏马氏家族兄弟。太后与皇上之间的第一次争斗，逐渐拉开序幕！

此后贤名满天下

建初元年（公元76年）冬，马太后为防止刘炟分封马氏家族的决定付诸行动、成为实事，遂决定先刘炟一步，以皇太后的身份，向群臣百官晓之以情、动之以理，阻止封侯赐爵于马氏兄弟的行动。之所以这样做，马太后是经过深思熟虑的，一旦刘炟分封之事成为事实，那时再做反对之举，不但会招致马氏兄弟的不满，更会有损自己儿子的信誉以及当朝天子刘炟的威仪。

这样，一封诏书便产生了。其间提到："听闻天子即将为马氏兄弟丰厚赐爵，皇帝恩典，马氏一门只能心中存有感激，但却万万不能接受皇帝的好意。身为臣子，何以能够一直惦记着自己的好处，而不顾天下人的得失。只有为皇帝分忧，为百姓办事，节俭持家、为官清廉才是臣子应该做的。"

太后诏书可谓开题点睛，继而还在其诏书中援引当初王莽也是因为自己功劳巨大，汉朝对其十分倚重，从而对其大肆封赏。然而一个人总会有贪心的，皇帝的赏赐，知足而报恩则已，否则必将会导致臣下不知所以、盲目自大，不断获取更大的权力、结党营私，外戚权重之下，国家势必会陷入祸患之中。

诏书到此，言辞恳切，太后马氏依然恐其不足以表自己反对赐赏马氏兄弟的决心，愤而说道："我自认为无所作为，全凭借太后和先帝的恩宠，自己才得以母仪天下。对于马氏一门，我时常对其进行教育和批评，然而自己才短智疏，马氏兄弟不但没有丝毫收敛，反而对身先士卒、节俭自好的作为嗤之以鼻。我又有何办法呢？只能希望皇帝不要对其进行封赏，皇帝之孝顺，我能够深切地感受，但是这种做法，实在是上不合先帝之意，下有损百官百姓之心。"

刘炟见了皇太后的诏书，淡然一笑，他猜想，这必定是皇太后故作姿态，其实太后听闻自己欲将对马氏族人进行封侯赐爵，心里必定十分欢喜。

因此，皇帝刘炟决定，自己身为九五之尊，难道还不能助母后抵挡那些流言蜚语吗？有鉴于此，皇帝刘炟便决定到自己母后马氏的寝宫面见马氏，向她表明自己的心迹。

然而马氏听完刘炟所说后，却回道："高祖在生前就留下遗令，无军功者不得封侯。如今马氏兄弟相比阴氏家族、梁氏一门，实在是无尺寸之功可言。而且马氏兄弟别人不知道，我可是了如指掌，他们都不是有才之士，能够恪守祖业不败亡，就是马家之幸事了。况且当初先帝在位之时，就已经严明了赏罚的条令。如今帝薨不足三年，皇帝怎么能够违逆祖先遗训？我反对封侯之言论，并不是为了赢得一个谦让之礼的虚名，而是为了大汉江山与马氏一门着想。外戚权重，流弊无穷，古往今来，这种例子早已经是不胜枚举。又何必要明知故犯，让马氏一门遭受重蹈覆辙的危险呢？"

皇帝刘炟听闻太后所言，虽然感觉似乎有理，但是自己多日谋划，如此就放弃了，怎么能够甘心？于是刘炟冒着马氏震怒的危险，悍然进言说道："如今天下已定，再也不似先帝在位之时，国家蒙难，外患内忧不绝，自己年轻，见识浅薄，此后势必要大力仰仗自己这些亲戚们的帮助和支持。值此国家兴旺、国力蒸蒸日上之际，分封一个马家，天下人不会有什么流言蜚语。"刘炟见自己母后马氏似乎还在犹豫，便决定再添一把火，以长跪不起来威胁母后就范。

这一举动，让马氏太后殊为惊异，心中想：过去皇帝一直很遵循自己这个母后的旨意，虽然自己不是他亲生的母亲，但自打刘炟小时候开始，自己与他之间就情如亲生母子，刘炟怎么突然之间变得强硬起来，难道真的是翅膀硬了，便不再听从自己的教诲？这还是曾经那个温文尔雅，事事听命于自己的刘炟吗？

马氏把心一横，愤而说道："为娘自你出生之后，万事无不为你思考，并且自成为皇后开始，为了刘氏天下，自己可谓是尽心尽力，一刻也不敢懈怠。多年下来，自己染上了许多疾病，但依然想将自己的病养好，如今你还年轻，许多事情一时之间还难以明白，但是要封侯马氏家族，必须要等到为娘死后才能够达成！"

刘炟不料自己的母后会如此震怒，猛然间发现原来是自己误会了母后，并非母后谦虚，而是她真正在为大汉江山着想，也在为自己的家人着想。惊吓之下，他连忙向母后道歉，并承诺不再提起此事。但在他心中，依然觉得，自己的母后太过危言耸听了，有自己在，断然不会出什么事情。

赐爵封侯之事，就此告一段落。但是皇朝内部问题远远没有平息。特别是马氏兄弟听闻此事之后，原本以为自己可以"一展抱负"，高兴之余，没有料到，如今都化为泡影，实在是心有不甘。但要他们去找太后理论，却是万万不敢。直到有一天，太后忽然记起，自己的母亲蔺夫人去世之后，马氏兄弟将其与马援合葬。合葬之时，为彰显马氏一族的功绩，特命人将陵墓加高。马氏太后意识到这件事情的严重性，便再次召集马氏兄弟入宫，特别是对其中颇通晓礼仪的马廖进行劝解，希望他能够严格按照祖制行事，只有这样，才能保证马氏一门长盛不衰。

马廖见此，也深刻地感受到太后的苦心，遂命人将马援的陵寝铲低。为防止马家之人此后生事，干涉国家朝政，太后还连发几道诏令，不准马家之人通过自己的身份牟取私利，如果此后马家有人被查出确实做过违法乱纪的事情，必将严惩不贷。马氏为了给皇朝做表率，以身作则，过上更加简朴的生活，并广为推广。自此，马氏一门与刘炟等人对封侯赐爵之事一直没有再次提起，马氏也因此而名扬海内，其贤德美誉名满天下。

建初三年（公元78年），自马援被梁松诬害已经过了二十九年。刘炟派五官中郎将持节追策，追谥马援为忠成侯。马援身上的冤屈终于得以昭雪，这使马太后非常高兴。

浮尸百万,流血漂橹

建初二年(公元77年)夏,边关告急,西凉地区传来紧急文书:"臣等有罪,金城、陇西、汉阳三郡发生羌人变乱,祈请皇帝陛下尽快发兵,镇压叛乱之徒,以正法纪!"

这对于刘炟而言,无疑不是什么好消息。原本以为自己终于可以暂时安歇一阵,孰料出了这等事情。可是不管怎么样,刘炟作为一国之君,势必需要第一时间做出反应,以面对这件事情。

于是,汉朝紧急召开会议,商议如何处理羌人叛乱事宜。当前洛阳在陇西委任的太守是孙纯,颇得皇帝和朝廷的信任,有他暂时抵挡西羌的叛军,朝廷也很放心。经过商议决定,朝廷暂时不需要派遣大规模的军队前去镇压,以免事态恶化,到达难以收拾的地步,只需要边境太守们竭诚努力,这股叛乱也就顺理成章地会被镇压。而且皇朝年年用兵,皇帝刘炟早就制定了与民休息的既定国策,朝令夕改,非明君所为。对付如此小规模的一场变乱,朝廷实在没有什么理由兴师动众。

在汉朝商议对策的同时,羌族各个部众之间当然也不会闲着。一方面加紧对凉州各地的攻伐;另一方面,则是联合各部,一致对外。他们明白,开弓没有回头箭,一旦叛乱,便是灭九族的大罪。因此,不成功则成仁。

这时候，羌族最大的部落烧当羌也受到叛乱的羌族部众的感召，紧锣密鼓地行动起来。烧当羌曾经与汉朝有过一场大战，虽然初期取得很大的胜利，但是后来由于汉朝兵员、钱粮源源不绝，烧当羌难以自足，使得烧当羌人与汉朝的作战变得越来越艰难。加上后来汉朝正确的军事策略，战局急转直下。最终烧当羌战败，其首领滇吾被汉朝软禁致死。事隔多年，烧当羌依然没有忘却以往的仇怨，目前烧当羌的首领正是滇吾的儿子迷吾，乍听闻卑湳、勒姐、吾良三部落举兵抗汉，迷吾不禁大喜。他觉得报仇的时机已经到来。于是，他急忙召集部族中的各个长老商议，决定举兵，号召所有的羌人团结起来，报仇雪恨，对抗汉朝暴政。

羌族诸多部落之中，烧当羌无疑是势力最大、威信最广的部族。因而只要他们一反，所有羌人就会云集而响应。一时之间，凉州局面达到难以控制的地步。金城、陇西、汉阳诸郡也开始行动起来，此时迷吾与羌人诸部族的联合，共有五万大军。而朝廷留在这三个郡的军队，不仅数量上不足，而且还不及羌人军队骁勇善战。

千里凉州，死于战乱的官兵数以万计，百姓饿死、被杀死的更是无以计数。人间地狱也不足以形容其战争的残酷和惨状。自汉阳、金城两郡被羌人围住，凉州就只能依靠陇西太守孙纯进行殊死抵抗了。虽然战局对于汉朝而言，十分不利，但太守孙纯不仅没有丝毫灰心丧气，还积极鼓舞将士，组织他们凭借陇西郡的坚固工事进行积极的防御和抵抗。在他的有效抵抗之下，羌人叛军的攻势得以暂时控制，于是孙纯派人远去洛阳求援。但是此刻的朝廷，并不准备出兵，而是派遣吴棠戴罪立功，封其为护羌校尉，坐镇安夷。在他和孙纯的努力之下，西凉的局势得以暂时稳定，但由于缺乏强有力的措施和支援，西凉的局面随时都有可能恶化。

同年六月，羌人携前朝日事之遗恨，率领羌族全部精锐，接连攻克金城、汉阳等郡。整个凉州陷入一片危机之中，汉朝在这里的统治仿佛已经不能长久。难道这里又要重新归于分裂的局面吗？

不久，消息传到汉廷，刘炟等认为吴棠办事不力，于是将其召回京师洛阳，革职查办。此时此刻，朝廷终于着急起来，急切地希望能够出现一个可以力挽狂澜的人物。

于是皇帝想到了耿恭。在被汉军救出西域之后，因为其在西域立下汗马功劳，便被皇帝封为长水校尉，统领着京师五大禁军之一的长水营禁军。一日，耿恭正在家研习兵法，突然内廷来人通传，要求他即刻进宫面圣。其实他早就知晓了西羌变乱的消息，而且这些日子，他在家里养伤也没有闲着，而是在苦心思考剿灭叛军的对策。

刘炟问起，可否有破敌良策之时，耿恭对答如流，大合皇帝的心意。刘炟因此再次对耿恭刮目相看，前面听人说，耿恭治军有方，旗下将士悍不畏死、勇猛异常，军中将士对耿恭更是心服口服。如果说开始之时，自己对耿恭还有所怀疑的话，这下，刘炟可以说是彻底放心了。一时之间，仿佛胜利就在眼前。

为报国家战四方

大事议定，接下来便是付诸实践的时刻了。

其实，耿恭于西域立下赫赫战功，回到洛阳本就应该被封侯的。但是皇帝刘炟认为，耿恭无论如何地骁勇善战，也无论立下了多少的汗马功劳，他都只是一个外人。所以耿恭只被封为一个禁军统领。

耿恭心想，自己这次是主动请缨，且胸中早已经有了退敌良策，这些皇帝刘炟都是知道的，因此，此次出征，皇帝陛下必将会拜自己为主将，统帅大军征讨叛逆。耿恭甚至觉得，自己建功立业的时机又一次来临，人生最为辉煌的时刻就在自己的眼前。

可惜，他想错了。甚至满朝稍微有些见识的官员也想错了。刘炟并没有拜耿恭为主将，而是以中郎将马防行车骑将军事，耿恭这一个曾经身经百战的老将，竟然只是被委以副将之职。众所周知，马防是马氏家族中最没用的一个，成事不足败事有余。其实他们不知道，皇上此举是甚有深意的。因为他记得，此事之前，自己刚刚为马氏一族赐爵封侯之事，与皇太后马氏发生争执，最后搞得自己灰头土脸，封侯赐爵之事也只能就此作罢。

皇帝觉得，当前如果赐封于马氏兄弟，很明显，会让人认为自己太过徇私。因此，只有让他们荣立功勋，才能够在自己赐封他们之时，百官甚至是母后也无言以对。百官对此，心中虽有质疑，但却不好直接反对。皇帝为了让舅父稳操胜券，将拱卫京师的北军所有主力，总计三万人配备给马防，更有耿恭这一当世名将随军参谋。汉军此行，还不是手到擒来？

大司空第五伦本就是个直言不讳的性子，先前见皇帝任人唯亲，就心存不满；但是考虑到之前皇帝在马太后那里大大地失了面子，自己也就不好太过紧逼，让皇帝另换主将。可是这次不同，京师洛阳的精锐几乎都被马防带去了凉州。马防是个庸才，这是谁都知道得一清二楚的事情，此次他担任主帅，胜利了万事大吉，可是万一败了，则洛阳再无兵可用，羌族如果居高临下，挥师东进，则皇朝危矣！

第五伦向皇帝刘炟陈述其中厉害，可谓言辞恳切之至。其实皇帝何尝不知道自己的这个舅舅是怎么样的一个人。也正是因为其无才，所以才更需要强大有力的兵力保障。何况自己曾经命令过马防，让他遇到大事之时，一切事宜还需要多听听副将耿恭的看法，相信此次西征，汉朝大军无论如何也不会败的。可是第五伦位及三公，丝毫不理解自己的苦心不说，还处处与自己作对，实在让人难以忍受。刘炟性格比较舒缓，因而对第五伦劝阻之事，也就没有深究。但是要他临时替换主将，却是万万不能的。

建初二年（公元77年）秋，行车骑将军事、中郎将马防与长水校尉耿恭带着援军三万大举西进，行军路上，只见黄沙弥漫，马鸣风萧萧；旌旗舞动，鼓动山川摇。三万大军，一字排开，如一条刚刚逃出洪荒的巨龙，浩浩荡荡地向西凉席卷而去。数十日之后，大军前锋以迅雷不及掩耳之势，直抵汉阳郡首府冀县（今甘肃甘谷县东南）城下。

而此刻的羌人大军，主力并不在冀县之内。眼见汉朝援军只有区区三万人马，比起迷吾所部的五万人马，实在不算多。何况羌人军队还获取了本地大多数人的支持，对本地各处的地形也甚为了解，可以这样说，天时地利人和，羌人军队已经占据了其中的大部分。如此看来，羌人军队几乎是必胜之局，为何迷吾会不战而逃呢？难道仅仅是因为汉军之中有一个盖世名将耿恭吗？

这些疑惑，不仅汉军不了解，即使是羌人军队的一般将领，也对迷吾的做法表示困惑。只是军人以服从命令为天职，羌人军中虽有诸多不解，却也甘心听从大首领迷吾的号令。

毫不夸张地说，迷吾是真正的一代枭雄。他不仅有自己领导羌人、抗拒汉军的勇气，也有趋利避害、上军伐谋的智慧。正所谓知己知彼百战百胜，迷吾对汉军的动向、汉军军士素质的了解，一点也不逊色于对自己军队的了解。他知道，朝廷大军都是拱卫京师的精锐，一个个都是以一当十的角色。自己的军队刚刚连番遭遇大战，已经疲乏不堪，因此汉军虽然行军千里，却还可以说有以逸待劳的优势。此外，耿恭之勇略，天下谁人不知？因此，此次战役，羌人军队只可以智取，不可力敌。于是迷吾急忙放弃对陇西郡的进攻，转身西去。他断定汉军不会在此久居，因此只要汉军一撤，自己还可以卷土重来。

不久，迷吾大军就攻破傅育在临羌设置的防线，南渡黄河直接回到自己的老巢尕让（今青海贵德县）。可是他忘记了一件事情，不是所有羌人部队都能够及时转移的，自己率领大军离开，其他部落的军队便会就此失去援助，势必会陷入重重包围之中。

此时羌人的另一支军队，由羌人的二首领布桥率领，正在陇西郡的部分地区烧杀抢掠。直到他知晓自己回去的路被傅育生生掐断，陇西太守孙纯把守住各处要塞，截断自己西去的路途之时，才幡然醒悟，自己没有办法西逃了。于是他毅然决定，率军攻取临洮（今甘肃岷县东南），而后夺路南逃。

因此可以说，临洮一战，事关布桥的生死存亡，也关系着以后汉军和羌族军队的战争胜负。临洮存，则汉军援军到来，就能一举歼灭西羌军队；反之，则布桥所率领的军队一路南下，汉朝西南边境从此便会陷入一场大的祸乱，即使援军赶来，也只能望洋兴叹。

最终，汉军面对羌人军队的一波又一波进攻，没有丝毫的惧意和退却，殊死抵抗之下，汉军军士十不存二，但是羌人军队也损失惨重。面对日渐严重的军事形势，布桥所部一筹莫展，只能做出最后的殊死一搏！

壮志未酬

恰如钱穆的《国史新论》中关于中国汉朝时代的诸位名将的论述所言,一个优秀的军事人才,需要精通人事、军事、政事,很明显,刘炟此次派遣的主将马防并不是一名可堪大用的将军。首先,其不通军事,因而要取得战事的胜利,获取自己想要取得的功勋,就必须全力仰仗耿恭这一精通军事的人才。其次,不通人事,因此,他与耿恭的联合只会是一时的需要,而不可能永久的稳固。最后,不通政事,因此,即使他侥幸在耿恭的全力帮助之下剿灭羌人的叛乱,凉州之地也轮不到他来镇守,一切的殊荣,都只能归功于他是刘炟舅父的先天优势之上。

其实,在马防和耿恭二人携手远征凉州之前,马家与耿家便素有嫌隙。于个人而言,马氏兄弟因为深受皇帝刘炟的恩宠,多年下来,一直没有什么人可以制约他们的言行举止,于是他们便经常做些违法乱纪的事情,过着骄奢淫逸的生活。其臭名远扬,可谓人尽皆知。朝堂上下也就分为了三类人,一是贪慕其地位显赫与博取功名者,这种人对其言行不但不反对,反而会煽风点火、助纣为虐。二则是对其言行很反感,但担忧自己得罪了马家,便会招致嫉恨、乌纱不保。最后则是疾恶如仇之人,他们只要一见到其不合乎礼法的行为,即使自己会有危险,也会坦率直言。很明显,耿恭就属于第三种人。耿恭,为当世名将，亦可以说是从死人堆里爬出来的人，为了大汉江山，可以说是出生入死，不计个人荣辱得失。见马氏兄弟如此作为，不是要败坏天下，惑乱朝纲吗？为人正直的耿恭，焉能不怒不气？幸好朝中还有好意之人，知道马家势大，为了耿恭的安危，屡次劝阻他不要意气用事。但越是这样，忠厚老实的耿恭就越不信邪。终于有一天，耿恭联合一些大臣，将马氏兄弟弹劾。马氏兄弟何许人也？他们可都是当今圣上刘炟的舅父，当今太后马氏的兄弟，因此，此次弹劾也就不了了之。但是，耿恭却因此事将马家彻底得罪，马氏三兄弟中，马廖的心胸稍微宽广一些，马光则是一个无甚心计的人，只有马防，心胸狭窄、睚眦必报，说其是一个小人也一点不为过。

及至临洮被布桥围攻，双方大军处于胶着状态之时，耿恭建议马防挥师南下。因为迷吾如今已然返回自己的老巢，汉军亦是鞭长莫及，而此时布桥虽然围住了临洮，却也只是困兽之斗。只要大军南下，前后夹攻，不愁布桥军队不大败亏输。马防听从了建议。经过三个昼夜奔行，汉军兵从天降，迅速击向了布桥所部。前有坚城防守，后有精锐援军，一时之间，布桥手足无措，临洮城中将士听闻援军到来，士气大振，连日以来所受的窝囊气，终于有地方可以发泄，于是便打开城门，如洪水猛兽般冲向布桥之军队。是其兵败如山倒，此次大战，布桥所部要么被歼灭，要么被俘虏，临洮之战，汉军终于取得胜利。

而布桥在看见汉军援军到来之时，就率领几个亲信，逃之夭夭了。只留下一些不重要的将领，与汉军周旋。布桥最终逃到一个名为望曲谷（今甘肃岷县腊子口）的地方，纠集残部两万余人把守此地。此地易守难攻，携崇山峻岭之高峻，挽百丈悬崖之陡峭，一夫当关万夫莫开。汉军虽然屡屡发动猛攻，也难以攻破。

建初三年（公元78年）正月，马防与耿恭所率领的主力经过几个月以来的休整，到达望曲谷，全力进攻布桥所部。连日下来，布桥所部早已经是人困马乏，粮食、水源都日渐短缺。终于，把守军队再也难以抵挡住汉军的攻势，两万人马，一万被杀，一万在布桥的率领下，投降汉军。

马防获得大胜，急忙飞马向刘炟传递捷报。刘炟大喜，遂命人召马防率领主力回去洛阳，拱卫京师重地。耿恭则留在此地，继续剿灭羌人叛乱军队的残余势力。羌人遭逢大败，而汉军士气正是旺盛之时，一路攻伐，所向披靡。最终，勒姐、烧何等十三个部落共数万羌人，全部向耿恭投降。

此次战役之后，耿恭名声大振，而等待他的，是加官晋爵，还是步步危机呢？

建初四年（公元79年）春，耿恭回到洛阳，不过他并不是回来领取功劳的，而是接受惩罚。

原来，马防自回到京师之后，清楚地知道，不管是皇帝刘炟，还是将士百官，都明白此次战争名义上是自己为主将，实际上则是耿恭挑大梁。只要耿恭一回来，只要不发生意外，封侯赐爵之事必将成为定局。因此决定，先下手为强。

于是马防连本上奏朝廷，揭露自己所搜集的耿恭"罪证"。同时差遣自己的亲信，寻到陇西郡监军谒者李谭，授意他来京师告御状，说耿恭在军中私自收揽人心，用心险恶。在外则多次与羌人首领往来，不思报国杀敌。为了自己的私利，竟然置国家利益于不顾。一家之言，刘炟尚自不能轻信，可是这次连陇西郡监军都如是说法，这耿恭之罪行，还不是真的吗？为保持凉州的稳定，他急忙下诏将耿恭召回洛阳。

耿恭正自谋划攻伐迷吾，彻底铲除羌人之地祸乱的根源，突然之间被召回洛阳，不免心中忐忑。待他一到洛阳，便被刘炟下狱，接受审讯。耿恭入狱中，见自己蒙受不白之冤，知道是马防的陷害，于是想尽说辞为自己洗刷冤屈。同时，朝堂之上也多有与耿恭交好的大臣劝皇帝三思。

刘炟明白,耿恭于狱中之言,不可不信也不可尽信,一者马防为自己的舅父,母后的兄弟,即使是他陷害于人,也不能坐看其成为众人皆知的事情。二者监军谒者与马防一向对自己忠心耿耿,自己将功劳都记在马防的头上,他们实在没必要诬陷耿恭。但反过来一想,耿恭自成名以来,对朝廷之事也算是尽心尽力,此次平羌战役没有耿恭是难以取胜的,因此,耿恭即使有罪,将功抵过之下,也罪不至死。

最终皇帝刘炟决定,永不叙用耿恭。曾经怀揣着封侯拜将的梦想,东征西讨、南征百战,身上伤口无数;如今羌人之事还没有彻底解决,自己却遭受奸人构陷,耿恭不免郁郁寡欢,几年之后,忧愤而死。

世人不免唏嘘嗟叹:壮志未酬身先死,长使英雄泪满巾!

窦氏家族的再次崛起

刘炟是一个好色之徒。他自登基以来，年仅二十余岁就已经是儿女成群，并且极为羡慕前朝如汉武帝等人，有三宫六院，后宫佳丽三千。但是刘秀自东汉开国以来，对皇帝妻妾就有很严格的限制，即使刘炟再怎么放纵，自己也是以明君自居，因此无论如何也不能违背祖训。无奈之余，刘炟只能变着法子为自己选出宫廷佳丽。

窦家也曾算是名门望族，在刘庄之时家道中落。刘炟决定为窦家平反，就成为了他改革的重要一环。

窦勋与沘阳公主生有两个女儿，个个冰雪聪明、才貌双全。窦家决定借此翻身，于是将这两个女孩送到宫里，事前还对二人进行了一番劝解；儿女亦是不甘心久居人下的人，于是也愿意入宫，徐图进取。

正所谓工欲善其事，必先利其器。在进宫之前，窦家必须要打点好宫廷中的相关人员，否则一入皇宫深似海，两个女子即使再有才德，也会被淹没于芸芸众女之中。建初二年（公元77年）八月，趁着宫里的人来此选宫女的机会，窦家备下重礼以贿赂此事的负责人中大夫、掖庭丞及相工，请他们对自己的女儿多多照顾。

得到这几个人的相助，皇帝刘炟一到他们入宫，就迫不及待地接见了窦家两位姑娘。一见之下，果然文采斐然、美貌如花。特别是窦家大女儿,一见面便得到皇帝的宠爱,此后二人更是形影不离。窦家大女儿欣喜之余,也不免担忧。她是个聪明人,知道要执掌后宫,光得到皇帝的宠信是远远不够的。外事不敢说,后宫之内,能够一言九鼎者,并不是皇帝刘炟,而是太后马氏。

这年十二月,窦氏二女子都被封为贵人,这让此时还在陇西郡作战的马防大吃一惊,马家与窦家素有嫌隙,可惜自己有心反对,却鞭长莫及,只能将自己的希望寄托在深宫之中的马氏太后手上。殊不料,马氏此时已经对窦氏不那么反感,而且为了马氏兄弟特别是马防远征西凉的事情,可谓是操碎了心。不久,马氏便一病不起。

而此时的窦氏二女,早已经甚得皇帝刘炟的宠信,后宫大权也几乎尽数掌握在她们手中,因此,其中一人被立为皇后,也就是顺理成章的事情。

建初三年(公元78年)三月初二,刘炟将贵人窦氏立为皇后。

建初四年(公元79年)四月,马防等平羌部队大胜归来。不久,南宫便传来消息,皇帝欲以马防立下不世奇功为由头,再次封赏马家兄弟。其中,封卫尉马廖为顺阳侯、车骑将军马防为颍阳侯、执金吾马光为许侯。

马氏早已经身在病中,闻讯大惊,急忙召皇帝刘炟进后宫,将自己不愿之意向刘炟表达。其中言道:"你可知道母后何以会一直反对马家兄弟被赐侯封爵?这是因为,母后终归是要先你们而去的。母后垂暮之年,死去倒不是什么大事,只怕马家兄弟骄纵惯了,我一去便无人管束,势必会酿成大祸。母后一生别无所求,只希望能够获取一个谦虚节俭的好名声,能够青史留名,不辜负先帝的期望。你这样做,叫母后怎么心安,叫母后如何含笑九泉?"

听得马氏声泪俱下的言语,刘炟也是甚为震动,知道自己的一番好心,终归是没有用到点子上。但他还是出不了自己想要封赏自己舅父们的窠臼,于是将他们由列侯封为关内侯。马氏兄弟也在马氏太后的敦促下，向皇帝刘炟上书辞让。但是刘炟身为一国之君，岂有将自己的诏令一改再改的道理，终还是没有答应。迫于马氏的权威，马家兄弟最终联名上书，辞去官职。可即使这样，等到有一天窦氏掌权，真的会放过马家吗？马家此刻不积攒强大实力，真到了那天又该拿什么去应对？

建初四年（公元79年）六月，马氏终于不堪重负，如一座支撑大汉的巨峰轰然倒塌。溘然长逝之前，依然不忘对自己兄弟的嘱咐，要他们谦逊谨慎。不久，马氏被安葬在显节陵，常伴君侧。马氏苦心孤诣一生所造就的辉煌，就从这里开始逐渐暗淡，一个旧的时代的结束，迎接它的必将是一个新的时代的开始。

后宫硝烟弥漫

国家风调雨顺、百姓安居乐业，西域在班超的努力下，一直维持着稳定，凉州在羌人叛乱被平定之后，也逐渐稳定下来。西南边陲国家也对中央朝廷忠心。刘炟以儒家思想治理国家的愿望已经达成。可是他似乎忘了，在马氏死后，还有比以儒家学说教化人民、治理国家更为紧迫的事情，那就是安定后宫。

此时的后宫，因为刘炟的存在，还没有爆发大规模的冲突和明显的争斗，但是也暗自隐藏着两大危机。一个是刘炟的亲生母亲贾太妃，在马氏死后蠢蠢欲动。另一个则是后宫妃子之间有人受宠，有人被冷落，但每时每刻，她们都没有闲着，而是为了扩大自己的权利，为了自己儿子的未来，做着自己尽可能做的准备。

反观刘炟，对于马太后的死，可谓是伤心欲绝，一点也不顾及自己亲生母亲的感受。并且在此之前，他早就知道马氏并非自己的生母，但是他知道，自己能够坐上九五大位，全靠自己有一个深受先帝宠爱的母后马氏。自己从小在马氏身边长大，马氏也一直将自己视为己出，因此生母不及养母大，也就是天经地义的了。此外，自己在外人眼中，一直是先帝正妻马氏的骨肉，名不正则言不顺，如果承认自己是贾太妃所生，势必会对自己的名声有所影响，甚至会对自己的地位造成不必要的冲击，这是刘炟万万不可以容忍的。因此，刘炟自马氏死后，便一直没有对贾太妃有过任何实质性的表示。最终，只是将她的绿色绶带改为与诸侯王同级的红色绶带，并给予了一些生活上的封赏。而对于其族人，因为没人在朝为官，也就不予考虑加官赐爵之类的事情。

而后宫中的另一场纷争，也在刘炟加紧搜集美貌才女的过程中，不断地演变扩大，特别是一些本身就地位显赫的人，有自己家族的支持，在这深宫内院之中，就更加如鱼得水了。

这之中，主要有三个派别的势力，各自占据了后宫的一方地位。一者，窦皇后当然不在话下，此时已经成为皇后的她，当然不可能愿意屈居人下，但可惜她的肚子一直不争气。

刘炟对窦皇后十分宠爱不假，但是他并不是一个用情专一的皇帝，仅仅以家世地位比窦皇后只强不弱的宋氏姐妹、梁氏姐妹而论，都让窦氏姐妹大为头疼，皇帝对她们的宠爱，更是一点也不弱于窦氏姐妹。而先帝在世之时，虽然也有后宫佳丽无数，但唯独专宠于马氏，即使马氏无后，自己也会帮助他找一个刘炟代替，以巩固她的地位。

宋氏姐妹也知道自己的处境，但她们和贾太妃不一样，贾太妃做贵人之时，家中没有任何势力，因此自己也就只能任之凭之。宋氏姐妹则身出名门，其祖父宋嵩是右扶风人，早年曾经追随世祖刘秀南征北战，立下无数功劳。宋氏姐妹不仅生得水灵，而且知书达理，十分符合刘炟的审美标准。刘炟即位后，姐妹俩一起被封为贵人。她们对刘炟侍候得很周到，对马太后也很是孝顺。兼且宋大贵人还为刘炟生下长子刘庆，此子聪明活泼，甚得马氏和刘炟的怜爱。一时之间，母凭子贵。马太后未死之前甚至想让宋大贵人做皇后。

而梁氏一族此时也正值春风得意之时，虽然早年梁松曾因为陷害马援而被定罪，但是自从刘庄死后，梁氏一门就逐渐兴旺起来。何况瘦死的骆驼比马大，梁氏虽然衰落，但自从梁氏姐妹入宫之后，梁家就逐渐兴起，特别是梁氏姐妹在后宫得到了皇帝刘炟的极大宠爱，梁氏一门当然能够得以重新崛起。此外，梁家和窦家素来交情匪浅，梁家在宫中也不至于被放在风口浪尖的位置，梁小贵人还为刘炟生了个儿子，名叫刘肇，于是更得刘炟的恩宠。甚至被视为梁家姐妹最大竞争对手的窦皇后，此刻也想染指她的儿子，以重新演绎马太后夺贾太妃儿子刘炟的故事。

于是，各家都在刘炟在位之时，使出浑身解数。其中最具进攻性的人，当归窦皇后莫属。她的计划共有三步：

第一步，继续保持自己在刘炟身边的宠信。她明白，马太后一死，决定自己未来之成败的人，就是眼前的刘炟。因此，窦皇后会想出各种法子，保持刘炟对自己的兴趣不减，例如加强诗词歌赋、歌曲舞蹈等的学习，向皇帝刘炟献媚。又如利用侍寝之机，不断向皇帝吹风，说梁氏和宋氏姐妹的坏话，刘炟耳根子一直很软，这是窦皇后早就抓住了的弱点。刘炟一听自己的发妻都如此说辞，一天两天还兀自不信，但是次数多了，就逐渐生出了对梁氏和宋氏姐妹的冷淡。

第二步，不断搜罗关于四个贵人试图夺权的罪证。窦皇后曾经召集自己的母亲沘阳公主入宫商议夺权事宜。沘阳公主是刘庄之兄、被废太子东海王刘彊之女，对父亲被先帝刘庄夺去了皇位，一直耿耿于怀。此外，丈夫窦勋又被刘庄下狱致死，故而她对刘庄恨之入骨。沘阳公主为给父亲和丈夫报仇，极力支持女儿积极采取行动，不断在宋氏姐妹身边安插眼线。幸亏宋氏姐妹甚为机警，一直洁身自好，但是窦皇后以有心算无心，宋氏姐妹掌握不了先机，很难说永远不会失势。

第三步，则是紧锣密鼓地进行废太子事宜。建初四年（公元79年）四月初四，刘炟颁诏立皇子刘庆为太子。四月七日，又封皇子刘伉为千乘王，刘全为平春王。一见宋氏姐妹之子成为太子，皇后便如坐针毡，开始行动起来。她想，与其让宋氏做大，还不如先笼络梁氏姐妹，让其把儿子刘肇过继给自己，自己帮助刘肇成为太子，并登基帝位。此后后宫敌手渐渐被除去，大权在握的窦皇后，何愁不会重演太后马氏的戏。

一场后宫的血雨之路就此铺开，到皇帝刘炟死后，更是明显地演变为外戚之间权力的争斗，东汉自此也走向了自己的噩梦。

第五章

外戚政治的重演

废黜太子刘庆

汉室天下走上外戚乱政的不归路,是从太子刘庆被废开始的。

刘庆是宋大贵人所生,为刘炟的长子,在太后马氏尚且在世之时,刘炟便立下刘庆为太子。宋氏姐妹认为,只要太子在位一天,即使当今皇帝不宠信自己,待到太子继位,宋氏一门必将是"一人得道,鸡犬升天"。可惜她们不知道,窦皇后是何等厉害的一个女人。

第一,在窦皇后的努力之下,皇帝刘炟对宋氏姐妹特别是宋大贵人冷淡起来。

第二,窦皇后还命人在不知不觉中,搜罗宋氏族人的不法之举,并派人在市井之中广为传播,这在很大程度上对宋氏的名声有较坏的影响。只是一个世家大族,难保不出几个害群之马,只要不危及皇朝统治、汉室基业,刘炟也不会怎么责怪于宋氏姐妹。窦皇后之聪明,少有匹敌者,因此,这一点她也必定是心知肚明的。为了防止打草惊蛇,窦皇后还在暗中抓住了宋氏宫中大太监的把柄,并威胁他为自己办事,密切注意搜集宋贵人的不法举动。

第三,窦皇后与自己的母亲沘阳公主保持密切联系。沘阳公主也是一个聪明绝顶之人,而且心怀仇恨已久,对于皇朝基业,几次三番有染指之嫌。有她经常在窦皇后身边出谋划策,窦皇后当然是如虎添翼。

此时，窦皇后已然做好了万全的准备，只要宋氏姐妹稍有疏忽，窦皇后便不会放过机会。

终于，万事俱备之下，这股东风吹来了。

这日，长年潜伏在宋大贵人身边的大太监忽然传来密报，说宋氏姐妹秘密命人在外搜集了几只活兔子。本来几只小兔子，在今天看来无伤大雅。但在当时的宫廷之中就是非同小可的事情了。历朝历代以来，以动物为引子，做巫术诅咒之事者，大有人在。

宋氏姐妹一向小心，也知晓其中的厉害，何以她们会明知故犯呢？

这也怪不得二人大意。因为自从窦氏姐妹入宫之后，皇帝便对宋氏姐妹二人逐渐淡忘，开始之时还三天两头地到此临幸一次，但时间一久，宋氏姐妹这边就越来越冷清了。正所谓树倒猢狲散，窦氏做了皇后，门下太监有时候都不怎么听自己的命令了。宋大贵人见此，终日郁郁寡欢，最后心病成疾。这日，宋小贵人来到姐姐宫内，眼见一片惨淡，不禁悲从中来。复又听得姐姐说道，自己好久没吃什么热的食物了，每日残羹冷炙以度日，甚为思念数年之前所吃的兔子肉。宋小贵人见此，心想自己只要办事隐秘，加上皇帝刘炟也不是什么嗜杀之君，去宫外取活兔子进来应该不会有事，一旦有事，自己一力承担下来，只要姐姐能够病好如初，那宋氏就永远不会垮台。

可惜她百密一疏，没能料到窦皇后早就在她们身边安插了耳目，而且还是自己姐妹比较信任的大太监。窦皇后得知消息，还不知道其中的厉害，直到自己母亲点明，才明白扳倒宋氏姐妹的机会终于让自己等来了。于是连夜上报皇帝刘炟，刘炟听此，初还不信，于是宣大太监与宋氏姐妹对质，大太监心知自己有把柄在窦皇后的手中，一时不慎，便会有杀身灭族之祸，于是只能硬着头皮说，宋氏姐妹在用活兔子为祭，口中念念有词。这时候皇帝刘炟已然信了八分，即使宋氏姐妹说明自己的想法和处境，也断然难以开脱罪责，只能图个一时的口舌之快,对叛主之人唾骂不已。窦皇后为了将二人以巫术诅咒刘炟的罪名坐实,还命人寻到当日看守宫门的守卫,并授意他一番说辞。同时还让手下在宋大贵人宫里找到了那几只兔子。此外,窦皇后更将宫外宋氏一族门人的不法作为抖搂出来。一时之间,可谓人证物证俱在,任宋氏姐妹如何聪明,也只能百口莫辩。但二人明白,无论如何也不能承认诅咒皇帝之事,只要太子刘庆还在,自己二人终会有出头之日。

建初七年(公元82年)正月,皇帝下令,将宋氏姐妹打入冷宫。同时听从皇后建议,让太子刘庆马上搬出太子宫,改到承禄观居住。

当时皇帝身边不乏明白人,但如果是普通官员,任你是三公九卿,也不能干涉后宫之事。于是,当时的首领太监郑众就成为调和这件事情的关键人物。作为深宫之中的佼佼者,郑众当然有其非常人可比的地方。因此,在这件事情爆发之前,他就对多方形势洞若观火。但是他一介宦官,对于后宫之间的争斗,如果横加干涉的话,也势必会犯下大的忌讳,从而招致祸患。

但是,出于对皇上刘炟的一片忠心,他知道,窦皇后将太子赶出太子宫,并非出于什么好意。因为他知道,承禄观并不是一个人人可去的地方,那里阴冷潮湿,环境恶劣,太子刘庆年方五岁,一个人在那里,指不定哪天便死于非命。于是,他旁敲侧击地向皇帝刘炟进言,为江山社稷、皇子安危考虑,必须要保证刘庆的安全。

刘炟闻言,知道此次之事,或许并不是全如窦皇后所说,但是事已至此,自己如果反悔,于名声大大有损。虽然明面上不能有所表示,但是皇帝心里,却生出了对宋氏姐妹的一丝愧疚。于是命郑众前往承禄观,为太子刘庆保驾。

可惜,任凭郑众如何厉害,对于窦皇后的阴险狡猾,他也是防不胜防。

他前脚刚刚踏入承禄观,后面就听闻宫内传来消息:太子被废,改刘肇为太子。消息传达冷宫,宋氏姐妹顿感前途渺茫,唯一的一丝机会就此破灭。她们怎么也想不明白,太子刘庆没有一丝过错,即使有错,也在自己两姐妹身上。而且太子甚得皇帝和太后的喜爱,何以会沦落至此?

正所谓覆巢之下岂有完卵,刘庆失去宫中宋氏二姐妹相助,就如同行军打仗被敌人断了粮草,这样的战争,除非发生奇迹,否则一定不会胜利。宋氏二姐妹的奇迹,就是马太后能够复活。这样非但能够保住自己,更能够保住太子、抑制窦皇后。可是这样的事情,显然是不可能发生的。

而窦皇后和她们一样明白,只要刘庆一天不废黜,待到他独掌大权,自己和窦氏家族就会陷入万劫不复之境地。因此,她在宋氏二姐妹被打入冷宫,并且谋害太子刘庆不成之际,只能向皇帝刘炟陈述,太子刘庆因为自己母亲被关押,一定会心怀怨恨,这样的人,绝对不能成为帝位储君人选,同时还以一个外人的身份建议,梁贵人的儿子刘肇年幼便聪明活泼,可堪大用。皇帝听罢,感到窦皇后的话很有道理,为防止将来宫中出现祸患,刘炟遂决定废黜太子刘庆,改立刘肇为太子,坐镇东宫。

绝望之余,宋氏姐妹二人双双自杀。而太子则表现得毫无伤心之态。大凡母亲身死,为人子者,必将痛哭不已,然而刘庆则在郑众的教育下,认识到当前的局势:"留得青山在,不愁没柴烧。"只要自己还活着,并学会韬光养晦,自己就有复位的希望。即使复位无望,自己也可保性命不失。皇后见此,心想一个五岁大的孩童,大概是没有意识到母亲的重要性。因此,窦皇后潜伏在眼中的杀气,也逐渐淡化。当然,她也有过担心,自己是否会失算,这孩子是否在装傻充愣?但是没办法,因为皇帝刘炟得知宋氏姐妹双双毙命的消息,心中歉疚更深。在郑众的帮助下,刘炟决定将刘庆接回太子宫,与现太子刘肇一起,居同所、行同车、睡同寝。二人也渐渐形影不离,甚为亲

历朝贤后故事册·邓太后　清　焦秉贞

历朝贤后故事册·马太后　清　焦秉贞

密。窦皇后见此,知道即使自己再是权势滔天,也不能擅自对刘庆出手。或许某一天,自己还能用得上这个废太子。

很明显,刘庆不会因为太子之位被废黜而就此沉寂,他要做的事情,也必将名留史册。

马太后的担忧

时隔多年,刘炟依然记得自己的母后当初极力反对自己赐封马氏兄弟的事情。在刘炟的记忆中,马氏一辈子有两件事最让他记忆深刻。马太后拒绝封赏马家算是一件,而另一件,就是当初马氏力挽狂澜、临危受命,在先帝刘庄归天之后,排除万难,最终将自己扶持上帝位。

因此,无论从哪个层面而言,刘炟对于马氏,没有一丝对和自己亲生母亲骨肉分离的怨恨,有的只是感激。

刘炟爱名声重于性命,这已经不是什么隐秘的事情。但是他对马氏的孝顺,也一点没有作伪。所以时至今日,无论马家有什么过错,只要不是十恶不赦之罪,刘炟都能一手盖过。

可惜,马氏家族却一点也不自知,要知道马太后已经离世,如今自己得以和窦家平分秋色,大多是依靠了马氏的余荫。马氏兄弟如果不能做好自我防范,终有一天,会在这风起云涌的皇朝权力争夺中,承受滔天大祸的恶果。

人的忍耐是有限度的,何况是手握生杀大权的皇帝刘炟呢?再加上有心人如窦氏的从中挑唆,马太后的担心终究会变成现实,只是她没有料到,这一天会来得这么迅速。

建初八年(公元83年)十二月,经过查证,廷尉在上奏给刘炟的奏章中称道:"马防、马光奢侈无度,僭乱礼教,理应严惩。马豫飞书怨谤朝廷,也应同罪!"将马防和马光二兄弟一起弹劾。

马豫又如何会诽谤朝廷呢?

原来,马太后在世之时,曾将马家的掌家大权交到略有些作为和见识的马廖手中,并且马氏一门都回到了自己的老家。但是自马防征讨西凉回来以后,居功自傲,并且他又被朝廷封侯,自己的另一位兄弟马光就不再买马廖的账了。大树底下好乘凉,如今马防得势,马光一个小人,又岂能放过这个机会。正所谓盛极必衰,物极必反,马防和马光见自己得到皇帝刘炟的信任,对家人和自己的约束就越加松弛,等到马太后死去,他二人更加肆无忌惮。

窦家在窦皇后和沘阳公主的联手策划之下,连续斗垮了宋氏家族和梁氏家族,现在朝野虽大,却也只有马家还能勉强和窦家比肩。马家兄弟来就没什么见识,看着宫内局势变动到如今这个地步,不忧反喜,认为自己的两大竞争对手,就这样被窦家整垮了,此后朝中,也就只剩下窦家一门可以和马家相提并论了。他们并没有意识到,一山不容二虎,窦家怎么能够容忍马家和自己家族分权呢?

这时候的马家兄弟,依然我行我素,心怀不轨者当然是暗自窃喜,心怀仁义者则是为其担忧。杨终便是一个衷心为友的人,他素来与马廖交情匪浅,见马家兄弟如此作为,只能写书信给马廖,希望他能够约束自己的两个弟兄,免得招致无妄之灾。可惜马廖回信说,二人此刻正是如日中天,怎能听自己的劝解。无奈之下,此事也只能就此作罢。

朝中有人好做官,朝中无人寸步难。窦家趁着马家兄弟在朝无人,并且马氏兄弟无能的机会,悍然决定,抓住机会,将自己的最后一个劲敌整垮,如此,窦家便能一手遮天。建初八年(公元83年)冬,刘炟外出巡视陈留、梁国、淮阳、颍阳四郡国,窦皇后见有此良机,急忙授意窦宪兄弟联络朝中的官员,大肆给马家兄弟罗织罪名。不久，刘炟回京，有司官员便不失时机地呈上了弹劾马家兄弟的奏章。奏章中提到，马氏兄弟近年来不断地搜刮民脂民膏，富可敌国，奢侈无度，连门下的食客就有数百之多。不仅如此，他们还大肆建造宅第，栋宇连云。将军马防为皇帝执掌军权，不思报国不说，还屡屡违反朝廷禁令，私自贩卖军马、征收赋税。如此胆大妄为，理应严惩！

其实说到穷奢极欲，当今天下，除了皇帝陛下之外，天子之臣，有几人能够比得上窦家。而且窦家的名声也不好，何以他们就能没事呢？这是因为，一来，如今的朝廷，已经没有任何一个家族敢于和窦家作对了。窦皇后深受皇帝宠爱，鸡犬升天之下，窦氏一门自然炙手可热。二来，朝廷之人，多为趋炎附势之辈，为了明哲保身，即使是刚正不阿之人，也只能暂时忍气吞声，以免造成不必要的牺牲。而那些墙头草们，则是趁此机会，好好地向皇后表忠心，如此，才能保证自己的前途一片光明。

正所谓锦上添花易，雪中送炭难，个人交往尚且如此，又何况国家政治呢？马家兄弟倒也怨不得别人，谁让他们不知自律呢。如今满朝文武，大多是在指责他们的罪过。刘炟是最为依仗他们的，如此一来，不就等于百官在骂自己有眼无珠吗？

帝王就是这样，知错改错，但绝对不会认错。因此，这罪名就只能让马家兄弟承担了。刘炟一纸诏令，将马家财产变卖，马家食客遣散，对马家进行严惩。时任步兵校尉的马廖之子马豫，本来就是个火暴脾气，见当下的舆论如此不利于马家，窦家作威作福，却得不到一点惩处，心中不服，便命人四处"飞书"，严正批评窦家不说，还将朝中官员骂了个遍，认为他们是因为太后不在，才来专门欺负他们马家。

以事实而论，的确和马豫所说一样，群臣百官都是拣软的柿子捏。但他这样明着说出来就不对了，不但得罪了百官、直接树敌于窦家，还为窦家的进一步行动提供了说辞。于是便有了"飞书诽谤朝廷"一说，这在当时可是大罪。刘炟大怒之下，撤了自己三个舅舅的职位，还将马豫下狱，酷刑致死。

不见棺材不落泪，如今马家终于意识到自己的错误，明白了当年马氏太后的苦心，也见识到窦家的厉害以及现实变迁的残酷，幸好皇帝比较仁慈，念及自己和舅舅们的亲情，这才没有深入追究马家的罪行。自此，马家只留下马廖、马光二人留任京师，昔日的世家大族，元气大损之下，只能徐图东山再起。

江河日下，人心不古

窦家在建初九年（公元84年）之后，就不断得势，窦皇后甚得皇帝刘炟宠信，每日朝毕，都会要求窦皇后侍寝，外戚之中窦宪的权力也不断扩大。自从建初三年（公元78年），窦氏被立为皇后，窦宪身为皇后之兄，初为郎，后任侍中、虎贲中郎将。其弟窦笃任黄门侍郎。兄弟二人，同蒙亲幸，并侍宫省，宠贵日盛，王公侧目。

这二人本来就仗着自己妹妹在皇宫受宠，狂妄自大，不知所谓。及至宋家、梁家和马家先后被自己陷害成功之后，窦宪等人更是无法无天。

一次，窦宪到达洛阳城外一庄园，看见其造型独特，风景清幽，便有心将之据为己有。此庄园的主人正是邓乾。邓乾就是当今驸马，皇帝刘炟的亲妹妹沁水公主的丈夫。见窦宪扔下一贯钱，还不足以买庄园的一个小亭之时，邓乾不禁愤懑不已，就准备要和他据理力争。幸亏沁水公主也是聪明之人，当即劝道："如今窦家势力如参天大树、遮云蔽日，我们不能学梁家、宋家和马太后的那些兄弟，莫说是我们，就是当朝皇帝的姑姑，还不是因为得罪了窦家，而被陷害到圈禁的地步。"

于是，邓乾在公主的劝解下，只能将自己的庄园拱手相送。当然，此后因为皇帝刘炟自己感觉到不对，逼问之下，才知道窦宪欺负到自己妹妹的头上。按理来说，如此作为，皇帝刘炟应该是万万不能忍受的，可惜他禁不住窦皇后的几番劝阻，最终只叫窦宪归还庄园、在家自省，没有施予其他的惩罚。如果当时宫中还是三足鼎立之势的话，窦宪之罪万万不能如此轻松地就被放过。

但是，有哪一朝臣子可以不凋零呢？随着年岁日长，曾经的股肱脊梁们都垂垂老矣，一个个先后离去。建初四年（公元79年），太尉牟融病死在了任上；建初五年（公元80年），太傅赵熹去世；建初六年（公元81年），太尉鲍昱病逝；建初八年（公元83年），东平王刘苍也病故。这些人一去，皇帝刘炟就如失去双手四肢一样，面对日益严峻的朝内外局势，应接不暇。此时的大汉皇朝，真的走到了江河日下的窠臼之中了。

当然，朝中势力依然可以分为强硬派和温和派。强硬派以太尉鲍昱为首，太尉死后，大司农邓彪升任太尉，此人不过是个浪得虚名之人，才华平平，德行也没有什么可以称道的地方。桓虞素有贤名，但是此刻限于资历，只能暂时担任司徒。在邓彪的带领下，虽然得以让强硬派有个领导，但是每次争斗，都没能在温和派的代表第五伦手中占得一丝便宜。为此，邓彪只能在朝中寻找接班人。汝南名人、楚郡太守袁安才华横溢，被邓彪看中以后，担任了太仆一职。第五伦见此，也积极在朝野内外搜罗人才，最终出身名门世家的会稽郡山阴人郑弘被他看中，并在他的保举之下，做了大司农。看起来，朝廷重臣、国家基石似乎已经后继有人，但是他们没能看到，皇宫内院之中的窦皇后的崛起，才是让东汉王朝盛世衰危的最大隐患。而窦皇后自从将梁家、宋家和马家打入万劫不复之境地后，整个皇宫后院，再也难以找到可以和窦皇后匹敌的人来，因此，她只能一方面打理好和皇帝刘炟的关系，保证自己恩宠不断，同时要努力教育好刘肇，让他能够为自己所用。另一方面，则是不断在皇帝耳边吹风，以减轻窦宪因为霸占公主庄园在皇帝刘炟心目中的坏印象。

097

而另一边的窦宪，也没有闲着，他知道自己有个妹妹在后宫之中一手遮天，因此即使有罪也依然有恃无恐。当务之急，是要能够在朝廷之中找到可以为自己所用的人才来。司徒桓虞与司空第五伦等人当然不可能，他们都自视清高，不肯与自己为伍。特别是第五伦，找准机会就会向皇帝参自己一本，对窦宪而言，第五伦几乎成了当下的头号劲敌。于是，他将自己首要的考虑对象定为郑弘，可惜，他没有意识到，郑弘是第五伦一手培植起来的死党，也正是因为他的清正严明，第五伦才不惜用自己在朝中的位置，向皇帝保举他。所以当窦宪找到他时，不免碰了一鼻子的灰。

当然，窦宪的努力并不是没有收到任何效果，相反，朝中有一大批手握重权之士，或囿于现实和窦宪的权势，或主动投诚，求取光明前途，被窦宪搜罗到自己的羽翼之下。

皇帝在手，江山我有

章和二年（公元88年）二月，刘炟崩于章德前殿，年三十三。自刘炟死后，东汉天下步入了另一个时代。纵观刘炟的一生，也许可以用七分功、三分过来形容。一者，改变先帝所施行的铁血强硬政策，用温和的方式管理国家的内外事务。边境地区与民休息，不再轻言战事。内部地区拨乱反正，严明官员选举的举孝廉制度，虚心纳谏，大力发展农业。几番平定羌人叛乱，西域都护班超在他的支持下，稳定了西域地区。二者，自己先后纵容马氏族人和窦氏族人，宫廷之中内乱不断，最终导致外戚政治的兴起。边境地区管理不严，造成官员腐败、民不聊生的现象四起。

汉章帝刘炟死后，在皇后和窦宪的扶持下，年仅十岁的刘肇登上大位。长子刘庆早就做了清河孝王，即使他有君王之志，诛逆之心，也只能望洋兴叹，因为窦宪和窦皇后兄妹的权势太大，捏死他区区一个王爷，如同捏死一只蚂蚁那样简单，但是多年以来，自己和刘肇也算是交心深厚。在不断的交往中，刘庆越来越看不透这个被人强制改变命运的兄弟刘肇了，他渐渐意识到，刘肇此子，也非池中之物。他只能等待，等待着给予窦氏家族一击致命的时机。可是这个时机，真的会到来吗？

刘肇继位，窦皇后顺理成章地成了太后，其兄长窦宪则做了辅政大臣，一时之间，不仅皇帝在他们的手中被视为玩物，整个江山，也几乎要改名换姓了。

他们为了更加稳固地控制刘肇，不惜擅自改动刘炟的遗诏，让徙西平王刘羡为陈王，六安王刘恭为彭城王，令其离开京城，同时大力调整人事，封黄门侍郎窦笃为侍中、虎贲中郎将，窦景、窦瑰为中常侍，共同入宫参典机要。不久，又将刘炟在世之时最为要好的兄弟刘党撵出京师洛阳就封而去。群臣早就怀疑此诏书的真实性，刘炟在位之时，何等在乎自己爱护亲人的名声，何况是自己最为亲厚的兄弟刘党呢？可惜此刻的朝堂，虽然官员众多，却么是窦宪的爪牙，要么是明哲保身、害怕引火烧身之人，就连一向忠义正直的司徒袁安与司空任隗，也只能扼腕叹息。刘炟之死，实在太过突然。窦皇后身在后宫，对其病情自然是了如指掌，因此，才能够在皇帝一死便掌握了先机，杀他们一个措手不及。而以司徒袁安与司空任隗为首的文武官员，则因为准备不足，一失足成千古恨。

汉和帝刘肇新近继位，随着年龄增长，越发感觉自己孤苦伶仃，无依无靠。汉室大权终于全数落入窦氏兄妹手中，明章之治，这一可以堪称东汉最为伟大的黄金时代结束，随即，外戚政治粉墨登场。此后的一百多年中，窦、邓、阎、梁等家族相继控制着东汉的朝野内外，一幕幕宫廷悲剧不断上演。

窦太后临朝听政

外戚政治的唯一基础是皇帝年幼。如果皇帝成年，已经能够临朝断事，皇太后就无法掌握他，太后背后的外戚也会失去权柄。所以拥立幼儿是外戚掌政的第一步。

窦太后在利用假的诏书逼走刘肇的几位叔叔，又擅自任命自己的亲信担任皇朝的高官要职之后，终于如愿以偿，以皇帝年幼为理由，临朝听政，为皇帝出谋划策。事实上，窦皇后和窦宪一起，总揽朝政，皇帝刘肇，不过是一个绣花枕头，有名无实罢了。

但是，要完全掌控朝政，做实际意义上的皇帝，窦太后还需要做很多事情，以巩固自己的统治，当然，群臣百官在自己的身家性命都受到威胁之时，也不会束手待毙。特别是司徒袁安、司空任隗二人都是三朝元老，在朝中威望很高，窦氏兄妹要想完全控制朝纲，就必须面对这两个实力强大的人。司空任隗，其父是开国元勋、位列云台的阿陵侯任光。任隗为官清正廉洁，很有才干。他深沉有度，为人不卑不亢，精于谋划，做事机敏，对于窦氏兄妹而言，比之马氏兄弟、梁氏兄妹等人，要难对付得多。袁安亦是刘庄在位之时的老臣，才干能力都是当朝一流，德行心性更是世间少见，毫不夸张地说，他是第五伦之后，东汉王朝之中最有威望的大臣。朝中诸多大臣如尚书仆射乐恢、尚书宋意、太尉掾何敞等人也唯他二人马首是瞻。虽然朝廷的生杀大权悉数掌握在窦氏兄妹手中，但是迫于人心所向，他二人一时之间还真不敢随意动作。他们可真不想自己辛辛苦苦经营多年才得到的有利局面，一时不慎便毁于一旦。

于是，他们只能从削弱司徒袁安、司空任隗的权力开始。第一步，窦氏姐妹想到了扶持一向为官无所作为的邓彪，于是窦宪上奏，恳请皇上批准任命邓彪为太傅，兼掌尚书事务之权。众所周知，邓彪忠厚有余，但才干不足。他曾经因为节操高尚，而被先帝刘炟任命为太尉。可惜邓彪做了太尉之后，只是看中自己清正严明的名节，却没有什么实在的作为，颇有沽名钓誉之嫌。建初九年（公元84年），刘炟终于下定决心，撤换了邓彪，改任第五伦所举荐的郑弘为太尉。可惜郑弘虽有不世奇才，却难以防止小人陷害，最终被窦家害死。直到此时，一直忠于窦家的宋由便做了太尉。宋由的才智，领一太守职也难以胜任，至于权谋斗争，更难以像司徒袁安和司空任隗一样，运转自如。

邓彪上台之后，虽然名义上统领三公九卿，兼录尚书机要任务，但他唯恐得罪人，不管是司徒袁安、司空任隗还是窦宪兄妹，他都力求交好。为了明哲保身，邓彪只得每日不问政事，使得大权旁落，悉数掌握在窦宪的手中。

天下虽大，此时却也难以找到可以和窦宪一比权势的人物出来。窦宪生性比较暴躁，平生第一恨事，就是当初自己父亲窦勋被冤死狱中。其主审便是谒者韩纡。现如今，韩纡早已经命归黄泉，窦宪再是厉害也无能为力，但是胸中一股怨气，几十年如一日，又岂是韩纡一死就可以了之的。于是，窦宪将韩纡的儿子以莫须有的罪名抓捕入狱，处以极刑，削其首，以告慰亡父窦勋在天之灵。

此事过后，窦宪心中的理想则在暗自增长，催促自己开始行动起来。

这就是对匈奴的战争。

在朝廷讨论是否要发动对匈奴的战争之时，许多大臣，包括司空任隗认为，在匈奴不再采取侵略政策时这样滥用帝国的资源，迫使部队在远离家乡的地方艰苦地服役是愚蠢之举，虽然没有人听取他们的申诉，司空任隗和司徒袁安仍然继续提出自己的观点，以致有许多同僚担心他们的安全。但是他们得到了升任司徒的鲁恭的支持。当时鲁恭仍任侍御史，就请求不要让人民卷入窦宪发动的战争。他还认为，非汉族人的习性和中原人完全不同，从这一点说，就不应该允许他们作为杂居社区的成员与汉人住在一起。另外，匈奴不久前被鲜卑打败，利用这个机会既不正当又不合适，且匈奴已经从边疆防线上往后撤退了一大段距离，要找到他们就得花费巨大的人力、物力，因而极不合算。鲁恭引用大司农的观点，即现有资源不足以支持这么大的战役，而且他还说其他官员也一致不同意发动这场战争，同时也不应该用公众的生命去满足某一个人——即窦宪的愿望。

　　如此大的阻力，窦宪能够实现自己成为卫青、霍去病一样的大将军、打败匈奴的愿望吗？

会战北匈奴

就在汉军准备大举进攻匈奴的时候，匈奴内部也发生了大分裂。南匈奴地盘不断缩小，只好借助汉朝的力量，以期夺回失去的土地。北匈奴早就想好了应对联军的策略，只需要以逸待劳，汉军和南匈奴的军队就会大败而去。可惜他们不知道，不止匈奴人了解草原，某些汉人也对草原和大漠了如指掌。其中最具代表性的就是耿秉。

十六年前，大将窦固出酒泉（今甘肃酒泉）西进，直到天山，占领北匈奴最肥沃的耕地之一伊吾卢（今新疆哈密），留兵屯垦。另一位大将就是此次和窦宪一起出征的耿秉。耿秉在大军出征以前，就对匈奴地区的风土民情、气候地形等进行了深入的了解。此次出兵，正可以一展所长。耿秉率军出张掖（今甘肃张掖）北进，深入三百公里，直到三木楼山。可惜北匈奴坚壁清野，下令向后撤退，没有受到重大创伤，然而耿秉却因为那一次的从军经历而对大漠草原的环境了解至深。

此次是耿秉第二次深入草原作战，虽然他只是副将，却也深得窦宪的信任。窦宪见大军进退维谷，军中将士多有返回洛阳之意，只能向耿秉咨询部队下一步的方向。耿秉当然明白，其实这一场战役本来就是不必要的，只是若贸然建议部队回去，窦宪不仅会颜面尽失，还会罪上加罪。这当然不是窦宪所希望的，因此，要想这一切都不发生,大军只能继续北进,而且还必须一战而胜。可是如今北匈奴大军逐渐向北而去,这么久也没瞧见北匈奴的踪影,又怎么能够一战而胜之呢?

耿秉见军中主将均是有口难言,便神色从容地向窦宪进言。当此之时,正要入秋,北方温度亦开始下降,水草越往北就越稀疏,因此,北匈奴也不能马不停蹄地向北而去,万般无奈之下,只能向南转战,才不至于将自己的军士和百姓困死。耿秉在分析了这些因素之后,建议大军继续北进,同时加紧派出更多的探子,以搜集战略情报,找到北匈奴主力。窦宪闻言,心怀大畅,不禁感慨道:"耿秉之见,诸将不及也!"于是,窦宪和南匈奴单于商议,部队继续分开向北进军,同时保持各方的信息通畅,部队队形也需要保持犄角之势,以便在遇上敌军偷袭之时,可以互相驰援。

北匈奴此刻也意识到,汉军如果再不撤退,自己便再不能往北走了,一旦秋天过去,百草萧瑟,牧民的牛羊马以及部队的战马都只能饿死,匈奴就真的会全军覆没了。因此,只有南进,在最短的时间内,找到汉军,才能趁匈奴军士士气旺盛、战力未衰之时,一举攻破敌方联军的围困之势。

连日下来,汉军又向北进军了五百余里,但始终没有看到北匈奴大军的踪迹,军中将士对此也大多生出退却之心,窦宪见此,亦不免忧心忡忡。耿秉见状,急忙向窦宪进言,暂时命令大军停止进军。耿秉考虑到,汉军行了这么久,应该就快和北匈奴大军交锋了,如果此时联军任意一部遇上北匈奴,都难以保证必胜。即使是胜利,也必然"杀敌一千,自损八百",因此,当务之急,只有将大军合为一部,才能够在遇上匈奴大军之时,保证自己军队战力的绝对优势。

窦宪闻言,感到很有道理,于是令属下向大军各部传递将令,让他们急忙向中军收缩,会师一处。与此同时,窦宪还派出副校尉阎盘、司马耿夔、耿谭率左谷蠡王师子和右呼衍王须訾等一万精骑为先锋，以策应主力大军的安全。不久，几路大军在涿邪山（今蒙古西部、阿尔泰山东脉）会师。

当大军进至稽落山地区时，与北单于统率的主力部队相遇。连日来，汉军一直不见北匈奴大军的影子，乍见之下，大喜过望，主将一声令下，大军如过山蚂蚁一般，潮水般地向北匈奴奔去。反观北匈奴的大军，连日来都在躲避汉军，心中早就留下了害怕的阴影。双方部队激战之下，汉军大败北匈奴军。北匈奴军溃散，单于趁乱遁走。杀得眼红的汉军一直追至私渠比鞮海（今蒙古邦察干湖），斩杀匈奴单于以下一万三千人，获马牛羊等百万多头。温犊须、温吾等八十一部归降，前后共有二十多万人。窦宪、耿秉等将领登上燕然山（今蒙古杭爱山），中护军班固为其刻石作铭，记述其丰功伟业，流芳百世。此刻，北匈奴已经元气大伤，难以翻起什么大浪，于是窦宪派出了吴汜、梁讽携带金帛去招降北单于。招降途中，吴、梁二人又收降一万多人。追上北单于后，吴汜向他宣明汉朝的威德，并赐以金帛。单于于是决定仿效呼韩邪单于，做汉的藩属，保国安民。于是，在单于的带领下，北匈奴残部便随吴汜等众东返。

《后汉书》记载："九月庚申，以车骑将军窦宪为大将军，以中郎将刘尚为车骑将军。"窦宪得到了巨额的封赏，在自己的官署之内大兴土木，雕梁画栋，穷奢极欲，朝廷众人敢怒不敢言。为了进一步巩固窦氏家族的统治，永元二年（公元90年）夏五月庚戌日，在窦宪和窦皇后的授意之下，分泰山为济北国，分乐成、涿郡、勃海的部分为河间国。丙辰日，封皇弟刘寿为济北王，皇弟刘开为河间王，皇弟刘淑为城阳王，继封已故的淮阳王刘昞的儿子刘侧为淮阳王，并命他们即刻就封，以削弱京师之中窦氏家族独揽大权的阻力。

匈奴南北二部都已经臣服，按理说，窦宪和窦太后现在应该坐享其成就行了，可是，善于权谋的人，是不会甘于寂寞的。因此，窦宪又找到了出兵匈奴的理由。

在窦宪率军击溃北匈奴之后，北单于派遣其弟右温禺鞮王奉奏向朝廷贡献。时隔一年之后，窦宪提出，北匈奴只派遣其弟弟入朝，却没有亲自前来，明显是对向汉朝献降没有诚意。在窦宪的操作下，窦太后再一次答应了他要北击匈奴的要求。汉和帝永元二年（公元90年）五月，窦宪派副校尉阎盘率两千骑兵进击屯驻于伊吾卢地区的北匈奴军，旋即将匈奴军击破，占领了伊吾卢地区，车师前后王均遣子入侍，也就是派出质子到洛阳以表示对汉王朝的臣服。

同年七月，窦宪率军出屯凉州，统辖陇西、汉阳、武都、金城、安定、北地、武威、张掖、敦煌、酒泉等郡兵马，并以侍中邓叠为征西将军，令其做自己的副手。

北单于见其弟右温禺鞮王被汉朝送回，知道汉王朝责怪。为了避免战争，他急忙派出使者入塞通告，自己将准备亲自入朝。消息传到窦宪耳中，窦宪便派班固、梁讽前往迎接。

正在此时，南匈奴看到北匈奴依然对自己具备一定的威胁，特别是北匈奴一旦和汉朝交好，南匈奴在汉朝的地位就会降低，为了彻底地控制大草原，南单于急忙上书请求出兵击灭北匈奴，继而命左谷蠡王师子等率领左右两部八千骑兵出鸡鹿塞。南匈奴军兵分两路，向北挺进。及至两军会合之后，南匈奴大军乘夜包围了北单于本部。此刻汉廷也尚未反应过来，待到木已成舟，汉廷也只能隔岸观火。北单于见自己陷入南匈奴大军的重重包围，心下大惊，亲自率精兵千余人与南匈奴军激战。北单于负伤落马，又慌忙爬上马去，最终仅率轻骑数十余人逃遁而去。南匈奴军缴获了北单于的玉玺，俘获阏氏及北单于儿女五人，斩首八千人，俘虏数千人。至此，南匈奴终于改变了过去一直被北匈奴打压的困境，变得相当强盛，拥有人口三万四千户，总计二十三万多人，拥兵五万多。

永元三年（公元91年）春，北匈奴遭南匈奴打击后，衰弱已极，窦宪于是想彻底将其于击灭。这年二月，窦宪派遣司马任尚和左校尉耿夔为先锋，率军出居延塞，出其不意地将北单于部包围于金微山。多年战争下来，北匈奴已然是日薄西山，耿夔所部几乎不费吹灰之力，便大破北匈奴军，俘获北单于之母，斩名王以下五千多人。尽管如此，在族人的竭力保护之下，北单于还是得以逃走，从此不知所向。此次耿夔携任尚率军出塞五千多里，最终大胜而归。这是汉代自出兵以来，最远的一次进军。朝廷为表彰耿夔的功勋，封其为粟邑侯。

驻于蒲类海（今新疆巴里坤湖）地区的北单于弟右谷蠡王于除鞬、骨都候以下数支人，见北匈奴单于大势已去，遂遣使者入塞，希望能够保存北匈奴最后一丝血脉，为大汉朝拱卫边境。窦宪闻言，当即应允，遂上书，请立于除鞬为北单于。朝廷允诺。

永元四年（公元92年），朝廷诏命耿夔出使北匈奴，并授北单于于除鞬玺绶，与南单于同等对待。至此，窦宪和其妹窦太后终于实现了既征服北匈奴，又让其与南匈奴分而治之的战略企图。

此番接连三次战役，汉军和南匈奴军队都充分利用了北匈奴飘忽不定、行动快速的特点，以远程奔袭、先围后歼、穷追不舍的作战方略获取胜利，使延续数百年的汉匈战争得以胜利结束。

东汉征匈奴之战，历经汉明帝、和帝两代奋战，终于于汉和帝永元三年（公元91年），将北匈奴彻底击败，并于其后两年时间内，彻底灭亡了北匈奴，从而使汉代北部边患暂时解除，中国北方地区遂被东汉王朝统一。东汉王朝这一战争壮举，虽然于当时的社会实际有很大不符，但客观上，则为推动中国版图奠定的历史进程起了不可磨灭的伟大历史作用。

九霄龙吟

刘肇久居深宫之中,一年到头也难得出去一次,因此,清河王刘庆就显得旁观者清了,他认为,目前局势一变,皇帝可以依靠的臣属,多是那些平时经常和窦宪作对的人了,例如司空任隗、司徒丁鸿(永元四年三月癸丑日,司徒袁安死去了闰三月丁丑日,任命太常丁鸿为司徒)等人。刘肇大喜之下,遂决定召集司空任隗、司徒丁鸿这二人进宫面圣。刘庆闻言,急忙劝阻。他分析到,如今窦宪在朝朋党众多,一旦皇帝召集司空任隗、司徒丁鸿入宫,势必会引起窦宪的警觉。刘肇闻言,深感忧虑。忽然,刘庆灵机一动,说道自己年少之时,母亲被害,自己一时伤心过度,差点做出错事,幸好有一忠臣为自己开解,自己才得以苟全性命于乱世。

皇帝刘肇忙问那位忠臣是何人,刘庆笑道:"他就是钩盾令郑众。此人历来忠于我大汉皇朝,对陛下也是忠心不贰,有他相助,大事可成!"刹那间,刘肇仿佛看见了黎明到来之前的晨曦,于是决定向郑众求助。

郑众为人除了忠诚可靠以外,还处事谨慎机敏,心机很深。在窦氏兄妹为祸汉廷、把持朝政的这一段时间内,不但没有得到重用,还被贬做了皇帝后花园的管理人员,幸好他一直谨小慎微,才不致让窦氏记恨自己当年帮助刘庆的事情。但是这一段时间里,他并没有闲着，而是时时利用自己昔日的威信和钱财，在后宫之内游走，培植自己的势力，一旦宫廷有变，可以让这些势力为自己所用。同时也和刘庆保持着联系，为免刘肇在思想上被窦太后控制，也在暗中告诉了刘肇其身世。

郑众早就看不惯窦氏兄妹作威作福的样子，只是自己毕竟是一个小小的宦官，在刘秀、刘庄执政之时，对宦官的限制就比较严格。虽然刘炟即位以后，对于这些的限制相对较少，但是碍于刘炟是一代明君，宦官势力也没有真正地成长起来。因此，郑众需要的，只是一个机会。如今，这个机会来临了，刘肇深夜召见自己一人到皇帝寝宫。此番事情郑众已然仔细问过，宫中窦氏势力没有一人知晓，可以看出，皇帝刘肇终于要有所动作了。

刘肇见到郑众，本想做一番测试，看看郑众是否如刘庆所言。但转念一想，如果自己这样做，一则是刘庆会心中怨愤自己不相信他，二则是自己也很欣赏郑众，不希望他在为自己办事之时，还会心存顾虑。于是，刘肇直截了当地向郑众说出了当前宫内朝廷的局势，并且旁敲侧击地向郑众表明了自己欲要亲政的想法。郑众一听便明白了皇帝的心思，急忙说道："当今天下，虽然名义上姓刘，但实际上则是掌控在窦氏家族手中，此番窦宪欲要自立，必定会首先谋刺皇上。而皇帝要独立，也必定需要首先除掉窦宪。此事，宜早不宜迟，先动手者可以尽得先机，后出招者必会处处受制。"郑众此言一出，正合了皇帝刘肇的心思。二人商议，当前窦宪不在京师，而是驻扎在外，朝中重臣多为窦氏一门及其党羽。因此，此事还需要从长计议，不可擅动，以防窦宪拥兵自重，率军叛乱。

当此之时，窦宪在外依然没有察觉到皇帝刘肇欲要灭杀自己的心思，不是他大意，而是今日的朝廷，窦氏一门早已经根深蒂固。且不论太后在深宫之中，为皇帝刘肇所敬畏；在朝堂之上，临朝听政，为群臣所慑服。单论其朋党势力之强，就不得不让人为之侧目。有耿夔、任尚为其爪牙，邓叠、郭璜为之心腹，更以班固、傅毅皆置幕府，以典文章，把揽朝政，占据要津。一时刺史、守令等官员多出其门。此外，窦氏一族，满门权贵，兄弟窦景为执金吾，窦笃进为特进，窦瑰为光禄卿，窦宪的叔父窦霸为城门校尉，窦褒为将作大匠，窦嘉为少尉，其他窦氏族人任侍中、将、大夫、郎吏等职的，还有十余人。窦宪的兄弟族人当朝，贵重显赫，倾动京都。因此，窦宪一门心思地认为，自己一定能够使江山永固。而且当今圣上年纪还小，对自己除了敬畏之外，绝不会生出悖逆之心。即使有了这个心思，自己只要回朝细细谋划一番，将皇帝秘密处死，这最后的一个后顾之忧也就烟消云散了，到时即使窦宪自己坐上这皇帝大位，也不是没有可能。

窦宪每念及此，不免心中激动异常，没过多久，他就从自己的驻兵之地班师回朝，图谋大举。他不知道，此时的深宫之中，一张大网正在悄然打开，等着自己自投罗网。

和帝刘肇听闻窦宪将归来的消息，心中忐忑不已，一整夜没有合上眼。第二天清晨，他听从郑众的建议，下诏让大鸿胪持节到郊外迎接，并按等级赏赐军中将士，以安其心。同时让郑众召集司空任隗、司徒丁鸿等人，让他们带兵把守进城的几大宫门，只待窦宪一入皇宫，便来个瓮中捉鳖。

此时，窦太后在宫廷之中，也察觉到时局有变，于是准备出去向自己的兄长窦宪通风报信，但是皇帝刘肇早就命人把守住了宫门，几番派出去的人手都是有去无回，窦太后心中焦急，只能在宫中向佛祖祈祷，希望自己担心的事情不要这么快就来临。

及至窦宪入了洛阳城之后，城中守将急忙关闭了城门，待得窦宪入宫，才发现宫中早已经不是自己去时的模样，特别是整个皇宫之内，充斥着一股冲天的杀气，而且守卫宫门的士兵多非自己的人。即使如此，窦宪依然一笑置之，他始终相信，以自己的权谋武功，皇帝刘肇是断断不敢在太岁头上动土的。大鸿胪将窦宪等人一路引到皇帝刘肇的宫门之前，刚一跪下，四周便冲出数百甲士。此番入宫，窦宪并没有率领自己的亲卫前来，只带了手下一干将领一起来朝见皇帝。一见此种阵仗，他们心中没有半分准备，纷纷束手就擒。

经过查实，窦宪谋反之罪证据确凿，不容置疑。其手下朋党邓叠、邓磊、郭举、郭璜等人均被逮捕，不久便被诛杀。同时皇帝幽禁了窦宪，命人解除其大将军印绶。为稳定窦宪所部军心，一时之间，皇帝还不能就此斩杀了窦宪。商议之下，决定封窦宪为冠军侯，与窦笃、窦景、窦瑰都去到封地。不久，窦宪等人被迫自杀身亡。窦太后闻讯，知道大势已去，遂命人紧闭宫闱大门，不与窦氏族人相联系，以免受了牵连。

直到此时，窦太后尚自以为，刘肇不知道自己的身世。其实刘肇自四岁离开自己亲生母亲，就在心里留下了一颗种子。他和刘庆一起玩耍之时，也时常会流露出自己思念母亲的情绪，等到自己的母亲被害死，他为求自保，只能暗自落泪，在表面上，依然表现着对窦氏的尊敬。当然，随着年岁日久，那颗种子在窦太后的努力下，最终没有生出仇恨，但是这并不代表自己可以一辈子做个傀儡，任人鱼肉。

刘肇一向最为敬佩自己的父亲刘炟，力图做一个孝顺之人。因此，对于窦太后特别时期的养育之恩，他还是比较感激的。因此，他并没有在自己继位之后，废黜了窦太后，反而依然尊她为太后，除了不再准其临朝听政之外，其余待遇和往日一样，没有丝毫更改。此外，刘肇也知道，多年下来，窦太后在宫里宫外的势力很强大，如果贸然向太后动作，势必会引起天下动荡。如今初逢大变，国家急切地需要稳定。

即便如此，窦太后再也不能和往日一般肆无忌惮了，自己的娘家人犯下谋逆大罪，自己即使没有参与，也有管教不严之责。因此，此后的窦太后便深居后宫，唯恐皇帝刘肇会在某一天"知道自己的身世"，诛除了自己。

和帝亲政，天下归心

扫平外戚势力之后，汉和帝刘肇终于得以临朝亲政。首先，就对这次平叛事件的诸多臣属论功行赏。特别是郑众和刘庆，通过此次事件，甚得刘肇的信任。刘肇赏赐了刘庆大量钱粮，恩宠之深厚，一时没有第二个皇亲国戚可以与之相提并论。而郑众则是刘肇赏赐最为丰厚的另一个人。郑众前半生多郁郁不得志，经过这次平叛，助皇帝夺回大权，自然能够平步青云。于是，郑众被任命为大长秋。大长秋一职，乍看之下名不见经传，细细思量，才知道这一官职是皇帝近侍官首领，非皇帝亲信不得充任，主要负责宣达旨意，管理宫中事务。

在封赏功臣的同时，刘肇也开始大力革新国家政策，逐渐实践着自己的政治抱负。永元四年（公元92年）十二月壬辰日，刘肇刚一上任就颁布诏令减土地税。后来，他又多次下诏，劝农权耕。

透过这一举动，刘肇勤政爱民的形象便被人民广为传诵。但是，皇帝刘肇毕竟个人精力有限。自己所依靠的几个重臣相继过世，永元五年（公元93年）春正月，千乘王刘伉死去，广宗王刘万岁死去；二月甲寅日，太傅邓彪死去；十月，太尉尹睦死去。此前的永元四年（公元92年），司徒袁安、司空任隗二位国之栋梁也相继去世，此后不久，司徒丁鸿、城阳王刘淑、乐成王刘党、陈敬王刘羡等人也相继西去。一时之间，朝堂可用之人变得越来越少。为了解决这一问题，永元五年三月，刘肇特别颁布了一纸诏令，责令选贤任能。

可以看出，和帝刘肇实在不失为一个年轻有为的英明圣主。他在平定窦氏乱朝之后，积极支持班超在西域的斗争，不久，班超大破焉耆，西域降附者五十余国。同时皇帝派遣著名将领乌桓校尉任尚领兵东北，大破南单于，收复辽东。而他在小的时候，便深谙为政之要，对百姓怀有一颗怜悯之心，时常下诏赈灾救难、减免赋税、安置流民、勿违农时，同时，和其父亲刘炟一样，以宽和的态度对待犯罪。即使他知道窦太后的所作所为，并能够无所顾忌地惩处她时，刘肇也没有采取行动，而是让窦太后恩宠不减，直到她死后，依然力排众议，以"恩不忍离、义不容亏"为由，将窦太后谥为章德皇后。同时对梁贵人、宋贵人的问题也都妥善安置，其母梁贵人被追封皇太后。此外，和帝还一直坚持以民为本、任人唯贤、注重道德教化左右，使得汉朝在他的治理下，整个国家与他的谥号"和"暗合，一时之间，大汉朝四海升平、海晏河清。

阴孝和与邓绥的后宫斗争

皇帝刘肇本来设立了一个皇后叫小阴氏,但是后来却改立了邓绥为后。这又是为何呢?

其实论起才情相貌,小阴氏都远远比不上邓绥。邓绥六岁就通读史书,十二岁精通《诗经》《论语》,每次与其兄长对答之时,号称饱学之士的兄长们也常常只能甘拜下风。因为邓绥聪慧好学、才华超群,故而家人都称她为"诸生"。父亲邓训更是对女儿异于其他女子的言谈举止暗暗称奇,认为她将是儿女中最有前途的,事无巨细都与这个小女孩商量后再行。本来,邓绥是能够和小阴氏一起入宫的,那样小阴氏也就不会先自己而被册立为后了。然而,就在自己即将入宫的前夕,邓绥的父亲邓训却离开了人世。为了守孝尽丧,邓绥只得在三年之后才得以入宫。

三年艰苦的守孝生活结束,邓绥已然变得形容枯槁。虽然此次又一轮选妃入宫开始了,但邓绥因为三年前就被选取,这次去宫内也必定是水到渠成的事情。在入宫的前三天夜晚,她却做了一个奇怪的梦,她梦见自己以手抚天,还抬头饮用青天上的钟乳。第二天,邓绥将这个梦告诉了自己的家人,其家人便找来善于占卜之人为她解梦。占卜者听后大惊失色,遂肃然起敬地说道:"过去帝尧曾经梦见自己攀天而上,商汤也梦见登天而食,这都是千古帝王的先例。如今你家姑娘也做这样的梦,她的前途大吉大利难以言传。"后邓家人又请来相士,相士一见邓绥,当即恭敬地说道:"小姐不同凡响,必走成汤之路!"邓氏族人一听,当然高兴不已,遂命人严守这个秘密。

可惜,在邓绥入宫之前的永元八年(公元96年),小阴氏阴孝和就已然做了皇后。因此,邓绥本应该十分顺利的后宫之路就这样布满荆棘。邓绥一入宫,其绝世的容颜便倾倒了众人,更别说年方十八、正值年少轻狂的汉和帝刘肇了。刘肇一眼就看中了邓绥,此后便甚为宠幸,次年便封其为地位仅次于皇后的贵人。这年,她才十六岁。

随着邓绥受到的恩宠日益厚重,深宫后院之内无一人可以与之相提并论,邓绥也深刻地感受到自己所面临的危机。

俗话说得好,木秀于林、风必摧之。和帝刘肇如此地宠幸邓绥,当然会让阴孝和觉得自己的地位正在被动摇。因此,每次邓绥都会相让于皇后,恭肃小心,动有法度。因为她清楚地知道,一旦自己有半点争宠之心,被皇后发现,就会招来杀身大祸,皇上知道,也必定会对自己不那么宠幸。恰在当时,邓绥和阴孝和都没有子嗣,邓绥见此,忙向皇帝推荐别人,以便让皇帝能够早生龙子,承继大业。皇帝刘肇见邓绥如此为汉室着想,不禁对她格外高看。

有一次,邓绥染病,刘肇还特别恩准邓氏家人可不限人数地出入皇宫,探望邓绥。这在当时可是莫大的恩典,然而邓绥却说道:"宫禁至重,乃天子所居。若使妾外家久在内省,有违圣制,不合礼法。此虽是皇上殊恩,但这样一来,上使陛下有亲幸私家之讥,下使贱妾遭不知足之谤。上下交损,得不偿失,实在不想搞到这种地步。陛下不弃贱妾陋质,妾纵死亦感泣于九泉之下。"

皇帝闻言,愈加喜欢这个邓绥。随着邓绥德名日盛、声誉日隆,皇后阴孝和也日益感到自己再不出手,怕是这皇后大位也要拱手让人了。百般无奈之下,阴孝和决定,以巫蛊妖法去诅咒邓绥,这当然没有什么效果。可到了永元十三年(公元101年)夏,阴孝和见和帝病危,便想趁机向邓绥暗下毒手。幸好邓绥在宫中颇有人缘,连皇后身边的小太监也感到阴氏过于阴毒,于是便悄悄地将这个消息传到了邓绥的耳中,邓绥听闻,吃惊不已,再看皇帝,已经病入膏肓、命如游丝,此番皇上如有不测,自己难免会遭受杀身灭族之祸,皇后独掌大权,难免会重蹈窦氏兄妹之乱。

一念及此,邓绥顿时冷汗如雨,扬言要自杀以报皇恩。邓绥此举,可谓高明之至,一旦皇宫有变,自己自杀之举兴许会换来百官的同情,家族可免遭祸患。如果皇上病好,则自己就可以获得一个好名声,贤德之名更加远扬。当然,邓绥最终没有自杀,皇帝刘肇也病好如初。

和帝病好之后,得知邓绥被逼得险些自杀,心中不免对阴孝和之狠毒不满。皇后身边之人也对阴孝和很不满,因此不久,皇后行巫蛊之术的事情便传到了皇上的耳中,这在当时可是了不得的大事,前朝旧历,多少人因这巫蛊之祸魂断九泉。皇上闻言,心下大怒,急忙命人彻查此事。

永元十四年(公元102年)夏天,皇后因行巫蛊之事证据确凿,便遭到废黜。阴孝和被废后迁于桐宫,最终忧惧而死。她到死也不明白,自己只是试着施行巫蛊之术,却并没有取得任何的效果,何以会招致如此大祸。其实,这一切都是在潜移默化中造成的结果。自邓绥入宫,得到皇帝宠幸,再到邓绥和阴氏两个人的所作所为的强烈对比,刘肇要废黜阴孝和的心早就暗自增长。说起来,阴皇后还是光武帝皇后阴丽华之兄阴识的曾孙女,与刘肇大有渊源。她与邓绥也是姑表亲戚,且低邓绥一辈。刘肇一向以仁治国,但阴氏此番却犯了东汉一干皇帝的大忌。

树倒猢狲散,在皇帝下令彻查此事之后,阴氏族人阴轶、阴辅、阴敞都被打入天牢,其中会不会有屈打成招之事就不得而知了。事发之后,阴孝和的父亲阴纲服毒自尽,其族人被刘肇全部流放到南方遥远的蛮荒之地日南郡。自此，这个事件才全部结束。其实从后来邓绥所展现的才智手段来说，这件事情也有可能是她策划的，而且因为邓绥并没有和窦氏兄妹一样，中途被诛，因此，史书也就可能对其有所删改，而且这一期间邓绥的作为史书记述的很少，功过只能让后来者去发现了。

国不可一日无君，当然这君王后宫也不能一日无主。永元十四年（公元102年），邓绥便因其贤德，获得朝廷上下一致同意，而被册立为后。刘肇在之前的立后讨论上言辞恳切地说道："皇后之尊，与朕同体，承继宗庙，母仪天下，岂能轻视？朕以为邓贵人德冠后宫，贤称天下，最为合适。"

邓绥之谦虚恭顺、贤良淑德，足以领袖后宫。刘肇之明辨是非、以民为本，亦足以治理天下。眼看皇朝的未来蒸蒸日上，汉室江上也将恢复汉武大帝在世之时的隆盛。殊不料，元兴元年（公元105年），年仅二十七岁的刘肇病逝，而且其后人多不堪承继大业，要么患有笃疾，要么夭折殒命，唯一的刘隆（后来的汉殇帝）也年仅百日，未脱襁褓。邓绥顺理成章地临朝听政，掌握国家的实际权力，并自称为"朕"。邓氏家族随即成为又一个窦氏家族，外戚力量再一次崛起。

第六章

帝国的黑夜

邓氏戚族掌权

当此之时,刘肇突然病故,年仅二十五岁的邓绥便即刻命人将刘隆从宫外寄养处(其实,刘肇在死之前,是有很多的子嗣的,只是不知为何,大多数在很小之时便夭折了。甚至皇帝刘肇曾经还怀疑,是不是有人在宫中暗害自己的子嗣。多次明察暗访,竟然没有任何结果。无奈之下,刘肇只能在孩子一出世之时,便将之抱到宫外由专人领养)寻回,立为太子。

从东汉局势的这个变化来看,刘肇依然算得是一个好皇帝。无论是文治还是武功都不可多得。然而他终究摆脱不了东汉皇帝短命的诅咒,年仅二十七岁就弃大汉数百年基业而去。依照旧历,刘肇一死,应该是其长子刘胜继位,可惜他年少多病,多年不治。大汉这么重的胆子,便交到了汉殇帝刘隆的手中。实际上,刘隆至死都才两岁,又何谈执掌大汉这么大的基业。刘隆虽然名义上是皇帝,实际上不过是一个大汉后继有人的标志。而真正的权柄,则悉数握于邓绥之手。

邓绥被尊为皇太后之后,便任命太尉张禹为太傅;司徒徐防为太尉,参与掌管尚书事务,百官都听从他的管理;光禄勋梁鲔为司徒。不久,司空陈宠死,邓绥便任命太常尹勤为司空;此前又封刘隆之皇兄刘胜为平原王。刘肇还在世的兄弟,包括清河王刘庆、济北王刘寿、河间王刘开等人来洛阳为和帝尽孝之后,便被遣返回自己的封地。

首先,邓绥颁布法令,饶恕过去的罪徒。例如宽恕窦太后的族人。又如优待和帝的其他贵人,让她们在后宫之内和睦相处。此外,对于当年的巫蛊事件也没有继续追查下去,对于一些含冤之人如和帝的宠臣吉臣等也拨乱反正,为其平反。

其次,则是提倡节约简朴,反对奢华浪费。最后则是以人为本,收揽人心。在邓绥临朝听政之后,第一件事便是革除自己所见的一些弊端。先是反对淫祀。而后邓太后以为,治理国家应以教化为本,而不应专注于刑罚,因为从根本上解决犯罪的思想才是革除社会不良现象的最好手段。殇帝延平元年(公元106年)五月,邓绥下诏大赦天下,犯法禁锢者一律释放为平民,以"柔"治天下。

第三,东汉自开国至殇帝八十多年的时间内,入宫宫女甚多,造成了"内有怨女,外有旷夫"的局面。到了延平元年六月,邓绥有鉴于宫女太多的弊端,一次诏免后宫达六百余人。当然,任何一个成就宏图霸业之人,必然是对百姓仁爱,对属下严苛。何况邓绥虽然贵为皇太后,却并不是实质上的皇帝。

在立刘隆为帝之前,朝中就有人非议,认为刘胜虽然偶有疾患,却并不是不能治愈,只因为当时他已经八岁有余,一旦长大,就不能够为邓绥所掌控了。于是,还身在襁褓之中的刘隆才得以承继帝位,被邓绥玩弄于股掌之中。

为了稳固自己的统治,邓绥也向世人展现出她最为厉害和犀利的一面,即大肆封赏自己的族人。例如将自己的大哥邓骘从虎贲中郎将升为上蔡侯、车骑将军,位比三公,同时掌管了兵权,也就为其统治提供了强大的后盾;弟弟邓悝从黄门侍郎升为虎贲中郎将,与大哥遥相呼应;另两位兄弟都晋升为侍中,于文官中也是显赫一时、地位尊崇的人物。

而邓绥太后的眼光之长远,在当时而言也是首屈一指的,特别

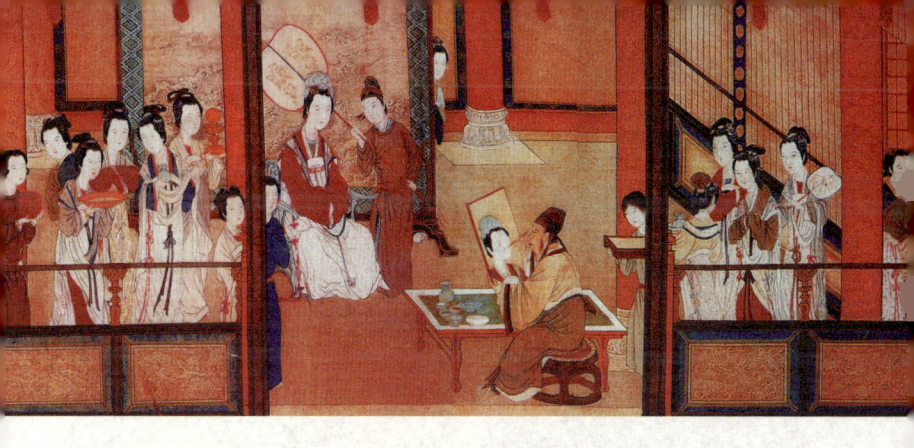

汉宫春晓图（局部） 明 仇英

三顾草庐图　明　戴进

是设立刘隆为太子，继而拥其为帝，让人不得不叹服。此外，她还为了防备刘隆也夭折，便在刘隆登基之后，全力去搜寻一个既可以承继大业，又能够被自己控制的人。这个人，不可能是刘胜，因为其在第一次太子位的选拔中就以失败告终，同时也就与邓太后心生嫌隙。考虑到如果他继位，太后大位不保不说，邓绥还可能面临杀身灭族之祸。而其他皇子要么不亲，要么多病，也不在邓太后的候选之列。当此之时，当初的废太子刘庆，也在京师洛阳不断差人活动，他看准了邓太后所具备的实力，每次门下之人来到京师，都会求见邓绥，同时加紧与邓氏族人的联系。刚开始，邓太后还对他心怀芥蒂，不与他走得近。后来邓太后眼见自己无子，而刘庆诚心不减，对自己也甚为恭敬，于是一次刘庆来到洛阳，邓绥趁机试探他，是否愿意将自己的儿子刘祜带到京城玩乐。刘庆见状，忙向太后说，自己的这个儿子不是很聪明，但却很老实，如果能够拜邓绥为母亲，便是刘祜的三生之幸。

刘庆知道，自己的有生之年，要想实现帝王之梦已是绝无可能。前面的刘肇聪明绝顶，是个明君。本以为刘肇一死，自己便有了机会，但是奈何这邓绥皇太后也不是易与之辈。眼下邓太后既然有亲近之意，自己这儿子说不定有一天能够实现自己的"君王之志"。所以刘庆便将自己十多岁的儿子送到邓绥的身边。当然，刘庆也知道，要让自己这个儿子真正地执掌大权，还需要与邓绥好好地较量一番。然而当前刘庆却万万不能与邓绥交恶，否则自己身单势孤，如何得以在这乱世之中保全自己？

刘祜此去，是福是祸，是对是错，只能看天意了。

事也凑巧，延平元年（公元106年）八月，在邓太后发号施令之际，仅做了八个月皇帝的刘隆，还不知道什么是皇帝，便悄然离世。因夭折而亡，故谥"孝殇皇帝"，葬于康陵。邓太后见此，没有半点心慌，在处理好善后事宜的同时，也在准备扶持新的皇帝即位。自刘祜入宫以来，对邓绥殊为恭敬和亲近，邓绥自己也对这个孩子生出一丝婶侄之间的情分。于是，邓太后当机立断，立自己的这位侄子为帝。而在此之前，邓绥已经与她的哥哥车骑将军邓骘密谋过，邓骘也同意了自己的想法。于是，邓绥一决定，便着邓骘去与太傅张禹、司徒徐防等大臣们商议，征得他们的同意。此时刘祜为了避嫌，已然到了宫外居住，于是邓绥命人连夜持太后节召刘祜入宫。年仅十三岁的刘祜就这样被拥立为皇帝，是为东汉安帝。次年改年号为永初。

汉朝依然处于邓氏外戚专权的时代。

安帝的抗争

安帝永初五年（公元111年），此时的刘祜，无论是心性还是思维，都已经完全成熟。但是在政治上，依然没有什么出众的表现。这一方面当然是邓绥对其在教化上进行了一些限制，拟让他生不出反叛自己的心思；另一方面，则是迫于太后邓绥的压力，自己没有机会展示出才华来。而群臣百官中，也大多心向太后，就连自己的那些兄弟叔伯都对邓太后忠心不贰。

这年九月，平望侯刘毅向安帝上书，请求为邓绥立注纪，使太后的功德不绝于世，实际上是要求在名义上承认邓太后和皇帝一般的地位。安帝此时不过是邓绥手中的木偶，为汉室一傀儡而已。朝臣有此提议，安帝自然不能也不敢反对。虽然心中不愿意，但安帝刘祜知道，自己是没有任何实际权力的，要苟全性命，不为太后所害，最终光复汉室，就必须从现在起卧薪尝胆、忍气吞声。此次如果自己大力赞成此事，大可以向太后邓绥表明自己的忠心。以后再找机会，步步为营地夺回政权才是上上之策。因此，这件事便就此定下。邓绥在事实上和名义上都取得了当时汉朝的统治地位。

此后，刘祜一直暗中观察，看哪些人是忠于自己，哪些人是可用之才。不久，一个名为杜根的人，进入了刘祜的视线。"杜根字伯坚，东汉颍川定陵人也。父安，字伯夷，少有志节。"杜根年少之时，有才之名便名满天下，岂不知他更是一个老实忠厚的人。永初元年（公元107年），他被推举为孝廉，成为郎中。

一次在朝堂之上，杜根向太后进言："太后垂帘听政多年，为保大汉基业兢兢业业、呕心沥血，可谓劳苦功高。如今天下太平，百姓安定，当今天子已然成人，正好可以接替太后，发扬我大汉国威，实现其王图霸业。"太后闻言大怒，这简直是要逼宫。如果不严厉惩治这种人，自己的地位终会不保。于是，太后便借着诽谤朝纲、徐图不轨之罪名，逮捕了杜根等一干人。为收到杀鸡儆猴的威慑效果，邓绥随即命人将杜根用袋子装着，在大殿上活活地用棍棒将其打死。其实朝臣之中亦不乏和杜根一样心思的人，见他直言相谏，竟然落得如此下场，不禁有唇亡齿寒之感。于是便有人私下告诉行刑人打的时候不要太用力，打完就用车把杜根接出城，杜根才得以苏醒过来。

而此时的邓氏家族，亦有人担心，如果长此以往，邓绥会不会重蹈窦氏太后的覆辙。她一人遭受惩罚也就罢了，可如果连累整整一个家族的人都跟着遭受那无妄之灾，就太可怕了。其中，最具代表性的便是邓绥的堂兄邓康。邓康见杜根被杀，心下大惊。久为人臣的邓康，自然或多或少地知晓群臣的心思，这次杜根被杀，不代表朝廷之中就没有反对邓绥的人。而且太后此举，实在是有违天和，势必为其他人所诟病。此外，皇帝刘祜也确实已经成人，他何尝不想亲政，只要一有机会，邓氏家族好则权力尽失，不好则全族殒命。因此，邓康便下定决心，向邓绥谏言，放弃临朝听政的权力。但是此次他又见识了邓绥的心狠手辣，也不敢明目张胆地向邓绥说起。于是，便婉言向太后问询和建议，说太后可尽享清福，是不该为了一点权力而损害了自己的身体。太后闻言，本欲发作，但考虑到他是自己的兄长，便只是拒绝了他，而没有追究。哪知邓康亦是一个宁折不弯的人，见太后不听从自己的劝谏，便称病不朝。太后问询，知道是邓康因为自己不听从其劝谏而假意称病，便命左右婢女前去探个虚实。哪知此婢女自以为是太后身边的红人，便全然不将邓康放在眼里，甚至对邓康的母亲，也殊为傲慢。邓康实在忍无可忍，便训斥了她一顿："你是何许人，不过一小小婢女、邓氏奴才，得蒙太后恩典，才有此风光。不知知恩图报，反而狗仗人势，这是一个人应该做的吗？"

邓康此番训斥，不过是出于义愤，却没有半分对太后的不恭之心、对婢女的侮辱之意。可是婢女听耳里，记在心里，便顺势生出一腔怨愤，回到宫里，自然添油加醋一番。邓绥此时正在气头上，听婢女说邓康对自己继续执掌政权有所异议，不免大怒。于是，不容邓康有任何解释，邓太后便罢免了邓康的官职，并将其名字从邓氏族谱中除去。

此番安帝刘祜虽然为了能亲政而有一些动作，但囿于太后之权势根深蒂固，故而不得其果。当然，这只是个开始，还远远没有结束。

邓氏衰微

永宁二年（公元121年），年仅四十一岁的邓绥由于患病日久，此时已然病入膏肓。正应了那句话："只要命长过人家，就没有任何对手。"这一下，该轮到刘祜亲政掌权了吧？他不知道，其实在一年之前，邓氏太后就已经想过这个问题。她知道，自己的这个侄儿已经梦想了多年，想要重新执掌刘氏江山。可惜自己邓氏后继无人也只能将大好江山拱手让予刘祜了。一直以来，刘祜也没有什么不轨的举动，对自己也算恭敬。罢了，自己苦心孤诣一生，想要将这大汉江山治理好，不就是为了落得个千秋美名，成就那功名大业吗？此番自己一死，也就一了百了。将江山还给刘祜，也算是善始善终。

于是，邓绥在病榻之上，拟出一个诏令："我执政多年，上不愧先帝，下不亏百姓，为兴盛我大汉基业，每日勤勤恳恳，从不敢怠慢。这是众所周知的事情。如今大业为半，我便要中道崩猝，俯仰幽叹，天明如此，为之奈何？此番我乘风而去，便留下安帝孤苦无依，只希望众卿家能够以国家社稷为重，尽心竭力，辅佐朝廷，完成大业。"这是邓绥在世之时的最后一封诏书，书中没有提到将江山交给自己邓氏族人打理的事情，身前她也没有任何安排，因此，安帝亲政，已经是木已成舟的事情了。

邓绥死后，应她生前的要求，安帝将她与和帝合葬顺陵，谥号为熹皇后。"有功安人曰熹"，"熹"正概括了她为汉室勤勤恳恳的一生。

邓绥一死，便轮到安帝大展拳脚了。然而首先，帝国如要全面真正地掌控在自己的手中，就必须要夺回外戚豪强手中的权力。而外戚中，权势最为繁盛的就是这刚刚失去一棵大树的邓家。可是邓家一直在邓绥的约束下，谨小慎微，没有发现太多违法乱纪的事情，自己即使有心治他们，却也是师出无名。

然而君要臣死，臣不得不死。皇帝甚至不需要什么理由，一旦手中握有生杀大权，就只要做出一个决定便可以了。邓家终于逃不了和窦氏家族一样的厄运，让刘祜做出这个决定的，主要有两件事。

第一，邓绥在世之时，曾经因为王圣喜欢在人背后乱说闲话，惑乱后宫，而将其严惩。本来，邓绥贵为太后，临朝听政，生杀予夺之间，别人是断断不能反抗的。随意地惩治一个人，也没什么大不了的。可是，这个人却不是一般的宫廷宫女，而是当今天子的心腹红人，先帝御赐给安帝的乳母。得罪了这人，便在客观上得罪了安帝。安帝一个傀儡，对于邓绥而言，当然造不成任何的威胁。可是一旦他亲政，邓氏家族便危矣。王圣本来就是一个长舌妇，此番邓太后得罪了她，她便在此后的生活中，暗自向皇帝刘祜进谗言。其间多次提到，先帝刘肇十四岁就灭了窦氏之乱，亲自执掌国家大权，如今太后已然垂垂老矣，刘祜也早就有明君之智，邓氏一直把持着大权不放，皇帝如何自处？安帝闻言，虽然嘴上不说什么，但内心早已经是波涛汹涌。

第二，则是一件陈年旧事。在这之前，宫廷之中盛传，朝堂当时并不想册立刘祜为帝，只有先帝刘肇之长子平原王刘胜才是太子大位的不二人选，只是邓太后担心自己得罪了刘胜等人，怕日后地位不保，遂拥立刘祜为帝。然而，这虽然能够保证邓氏族人的地位，却难以在邓绥死、刘祜亲政之后还保持邓氏家族的兴盛。安帝自己也十分担心，自己继承大位以来，朝中大臣便多有反对。此番自己亲政，会不会有人想重新拥立新帝呢？自己亲政，当时是邓家最为担忧。果然，不久之后他便听到宦官江京、李闰等人告密，说邓氏一门眼见自己地位不保，便欲重新拥立一个傀儡皇帝，于是，平原王便是他们的不二选择。江京、李闰何许人也，怎么能够在皇帝身边如此说话？皇帝刘祜也算是一个聪明之人，怎会相信他们的诬陷？其实，当年刘祜即位，就是江京把自己从清河王驻京官邸安全接到皇宫的，有从龙护驾之功。而李闰也是皇帝身边的宠臣，皇帝欲要扳倒外戚，就不得不效法先帝刘肇，大力仰仗宦官。这二人便是皇帝的心腹臂膀。皇帝正在发愁，这欲加之罪，何来说辞？此二人的一番进言，正合了皇帝刘祜的心思。仓促之间，他便下令将邓氏一族抓捕起来。最终，邓氏有的被削夺封爵，废为庶人；有些远流边郡，后在地方官的威逼下，被迫自杀。邓绥堂弟河南尹邓豹、度辽将军舞阳侯邓遵、将作大匠邓畅也相继自杀而死。因安帝未能找到邓骘预谋废立的证据，所以他被免职以后遣返原籍。自知申冤无门，邓骘与儿子邓凤绝食而死。另外，此时已经步入权力高峰的蔡伦也在这次的事件中，因为过去谋害宋贵人、梁贵人之事，而被皇帝盯上，后服毒自杀。

邓绥独掌国家大权之时，邓氏一族是何等荣耀。如今当时的傀儡亲政，势必会心生记恨，殃及池鱼。邓绥尸骨未寒，邓氏家族及其亲信便蒙遭不白之冤，落得一个惨淡收场，天下无不为之痛惜。所谓伴君如伴虎，邓骘一生没有什么大的过错，为了大汉江山在外征战多年，没有功劳，也有苦劳，最终也难逃死于非命的结果。朝中大臣看在眼里、记在心里，正直之士如大司农朱宠，就力主邓骘乃是无罪遇祸，便用车子载着他的棺材，肉袒上朝，为他鸣冤。百官见此，也多生恻隐之心，皆称邓骘冤枉。安帝无奈之下，遂将其安葬在洛阳北邙山的祖坟之中。邓骘归葬之日，公卿同吊，莫不悲伤。

其反贼之名，在安帝亲政期间已然做实，安帝虽然受到百官的压力而被迫让步。但是为了不损毁自己的威严，虽然知晓他是冤枉的，却也万万不能为其平反。因此一直到顺帝即位后，邓骘才恢复名誉。

安帝亲政

建光元年(公元121年)三月,等待了十六年的安帝刘祜终于得以亲政。在安葬了邓太后之后,便着手对自己的亲生父亲和母亲进行追封。史书记载:"戊申日,追尊皇父清河孝王称焉孝德皇帝,皇母左氏称焉孝德皇后,皇祖母宋贵人称为敬隐皇后。丁巳日,尊称孝德皇帝之妃耿氏叫'甘陵大贵人'。"

为了巩固自己的统治,也为了封赏在自己夺取亲政大权的过程中的一干功臣,刘祜在稳定朝局、清除以邓氏家族为代表的旧势力之后,便大力封赏自己信任的那一批属下。其中,宦官江京被封为都乡侯,李闰被封为雍乡侯,乳母王圣被封为野王君。这三人都是安帝刘祜的心腹,此后也将在朝堂内外一展自己的手段。

与此同时,为了讨取皇后阎姬的欢喜,刘祜还大肆封赐自己的几个妻弟。如将阎显、阎景、阎耀等人任命为禁军将领,拱卫洛阳重地。

早在安帝元初元年(公元114年),阎姬便应召入掖庭,时年约十六岁。汉安帝一见阎姬,便被其美貌所吸引,便时常召她觐见自己。随着时间的推移,安帝发现阎姬之才华,也不下于自己的这个婶婶太后邓绥。这让安帝觉得,阎姬也许会帮助自己,在未来夺取亲政大权的路途上建言献策。于是,阎姬便甚得和帝的宠爱,被封为贵人。到了第二年,阎姬又被立为皇后,专房后宫。

可是通过安帝一年的观察,终于发现这个皇后不仅没有为自己出任何计策对付太后,反而和邓绥日益亲近。这就是为何阎姬能够脱颖而出,被太后看中,允许皇上册立她为皇后的原因。其实,阎姬是何等聪明之人,对于皇帝的心思又岂能不知。但是现下太后邓绥权势滔天,自己去反对她,无异于是以卵击石、自寻死路,自己不但不能成为皇后,很可能会中途遭到牵连,杀身殒命。几乎没有任何犹豫,阎姬便选择了忠心于邓绥,但在同时,她也看到,这位皇帝很可能会在将来的某一天亲政,自己只有保持皇后大位,与其打好关系,才能保证自己一生的荣华富贵。

安帝见阎姬无心帮助自己,整日往太后身边跑,加上阎姬久无子嗣,便想找另外一个人来取而代之。很快,安帝刘祜便看中了一个人,她就是李氏。原来安帝还总是喜欢来到阎姬这里,可自从有了李氏,安帝便三天两头地跑去李氏那里,而皇后寝宫则日渐冷清。这日,阎姬正在和王圣商量如何才能夺回皇上的心的时候,李氏宫里突然传出了一个令阎姬震惊的消息。李氏生下了皇子,取名刘保,意在保境安民。不久,阎皇后便和王圣串通,趁皇上外出,毒杀了李氏。在皇帝回宫之后,他们声称不知什么原因,可能是误食毒药而死。皇帝一见皇子的母亲竟然会误食毒药而死,伤心之余,便有人在他身边悄悄地告诉他,可能是有人故意谋害了李氏。皇帝闻言大怒,便命人彻查此事,最后终于在王圣的口中得知是皇后出的手。本想追究于她,可是太后这时候出面了,力保皇后。加上皇后对自己也是一心一意,此次事件也完全出于自己的嫉妒之心,自己要想亲政,还需要大力仰仗皇后。而李氏不过是一个一般的宫女,因被皇帝看中生下皇子才一飞冲天。此刻她既然死了,也就没有任何价值了。于是,皇上也就原谅了皇后。此后皇上对皇后更好了,整个后宫之中,无一人像皇后一样,受到皇帝如此的恩宠。

安帝建光元年（公元121年），邓太后死，安帝亲政。为了赢得皇后的欢心，巩固自己的统治，皇帝刘祜便大肆封赏阎后的兄弟们。

其实，若是皇帝仅仅提拔宦官江京和李闰，倒也是无可非议，因为这二人也算是皇帝的亲政功臣，虽是一介宦官，却也算得颇具执政之才。即使是王圣，也因为是安帝刘祜的乳母，地位自然尊崇。但是这样不计后果地封赏阎氏几兄弟，则完全是色迷心窍了。这几人没有多少才能不说，即使是品德，也极为败坏。刘祜封赏他们，完全是任人唯亲之举。这种不辨忠奸的做法很快便招人非议，其中意见最大的就是司徒杨震。

杨震位列三公，学识渊博，号称"关西孔子"，且为官清廉，为人正直，是刘祜亲政之后为数不多的国家股肱之臣。有一次，其老部下王密感念他一生劳苦功高，对属下赏罚分明，到现在还是一贫如洗、两袖清风，便拿着许多黄金来拜访杨震。是夜，王密将黄金拿了出来，欲要将其献给杨震。杨震见了十斤黄金，却丝毫不为所动，反而慢悠悠地说道："王密，我了解你，可惜你却不了解我。"王密闻言，忙说道："我当然了解你，所以才将黄金放到子夜才拿出来，这样便无人知晓了。"杨震不但不喜，反而大怒："天知地知，你知我知，何为无人知晓？"王密见此，知道杨震清廉，便灰溜溜地离开了。此一事，也在后世的文献中广为流传。

从杨震的才德来看，皇帝刘祜亲政，最应该重用的就是这样的老臣了。见皇帝刘祜不思进取，任人唯亲，几番下来，杨震终于忍无可忍，便奋笔疾书，斥责刘祜亲近奸佞，赏罚不明，以至天下大乱。

可惜杨震一片忠心，可昭日月，却生不逢时。邓太后在位之时，还懂得任人唯贤，此番自己忠言进谏，皇帝不但不采纳自己的意见，反而将其奏折给身边之人传看，一时之间，杨震在宫中树敌如林。皇帝此时已然动了怒，但考虑到他的声望很高，便将他任命到一个虚职上去。

杨震做了一个没有实权的太尉之后，依然保持一颗清廉之心。即使是皇后屡次想要推荐自己的亲人来他的属下做官，他都严词拒绝。如此一来，杨震势必加深了自己的危机。

待到李氏被害死之后，皇后便担心，如果有一天，这个太子刘保做了皇帝，知晓了自己对她母亲所做的事情，势必不会放过自己。先下手为强，为了免遭后患，刘保必须被废黜。于是，阎姬时常利用自己在皇帝身边的机会，向皇帝进谗言，要求皇帝废黜太子。皇帝刘祜极为宠幸和倚仗皇后阎姬，便在心里萌生了废黜刘保的想法。可惜太子一向没有什么过错，皇帝要废黜他，还需要一个名正言顺的理由。此外，朝廷还有一个最大的绊脚石，他就是杨震。

阎姬夺权

阎姬要像窦氏和邓绥一样上位掌权，需要实现两个条件。一者，是太子被废，重新拥立一个听自己话的太子；二者则需要皇帝身殒。后者姑且不谈，前者却是以阎姬目前的实力可以办到的事情。因此，自皇帝亲政之后，皇后阎姬便开始紧锣密鼓地布置废黜太子的事情。

前文已然提到，要废黜太子，首先必须要除掉杨震。因为杨震为人忠厚，十分忠心于刘氏汉室，势必会阻挡自己的行动。而且杨震素有声望，如果自己无端地废黜了太子，杨震势必会网罗一大批朝中士大夫为太子鸣冤。到时他们成了铁板一块，再要对付杨震，就难上加难了。反观另一边的杨震，对自己面临的危机虽然有所觉察，但是为了士人的气节，依然不为所动，时常向皇帝上奏折，批判朝中奸佞。这之中绝大多数确实是奸臣，但也有许多忠厚之人，因为没有什么才能，而遭到杨震的弹劾。如此一来，杨震两面受敌。终于，倒杨势力合流，在延光四年（公元125年）联名向皇帝上书，说当前天象异变，可能会有大臣谋权。此外，皇帝的舅舅耿宝也向皇帝进言说，杨震是邓太后余党，对皇帝亲政怀有不满之心，于是便弹劾皇帝所敕封的官员。皇帝十几年的时间，都只是邓绥的傀儡，对邓绥可以说是恨入骨髓。以前自己处处受制，当然不敢有丝毫显现。此番自己已亲政，普天之下莫非王土，率土之滨莫非王臣，其不满之心也就肆无忌惮地显现出来。现在连自己的舅父都这样说杨震，不免让刘祜心下生疑，于是不由分说，便将杨震的太尉印信收缴。杨震一介士子，位列三公，素来贤名满天下。此番气节作祟，如何受得了这奇耻大辱，便愤然自杀。

与此同时，太子刘保正在王圣的寝宫内生活着。太子一向身在东宫，为何会突然到刘祜的乳母这里来呢？原来，刘祜听说自己这个唯一的宝贝儿子，在自己的寝宫内夜夜噩梦，无法成眠，逐渐变得心神恍惚。皇帝担心其身体状况，便决定让其换一个生活环境，改善其睡眠质量。王圣此时正值圣宠，刘祜便看中了她的寝宫。

王圣见此，当然喜出望外，心想自己如果能够借用这段时间，好生地服侍大汉朝的这位未来主子，那自己的后半生，不是会荣华富贵享之不尽、用之不竭了吗？于是，王圣便决意，尽心照料太子刘保，以获取其信任。几天之后，从小照顾刘祜的王男、邴吉坐不住了，这不是要和自己争宠吗？于是，在私心作祟之下，王男、邴吉便与王圣、江京等人争执起来。以前这几人本来就不和，此番更变得水火不容。不久，王圣和江京就联合起来，诬陷王男、邴吉二人欲要带回太子，图谋不轨。皇帝闻言，自然对这二人严惩，下狱致死。

可惜太子身边没有一个像郑众一样有远见的人，教授其韬光养晦之术。此番少年心性，见自己亲近的几个人都一命呜呼，不免伤心难过。这种情况逐渐被王圣和江京二人察觉，知晓此番自己二人邀宠不成，反而闯下大祸，心想若是任这个太子顺利称帝，自己二人必然会不得好死。索性一不做、二不休，二人和皇后阎姬一起，向皇帝告发，说在狱中王男、邴吉二人已经承认，太子与其宫内官员对其母亲被害之事一直耿耿于怀，于是在宫内商议，想要图谋不轨。其实刘祜做了那么些年的傀儡皇帝，对于刘保的心情感同身受，如果自己有机会，何尝不会废了太后而自立？加上皇帝刘祜一向对王、江二人殊为倚重，这二人和皇后都建议自己废了太子，自己还有什么可以犹豫的呢？

皇帝素无主见，便决意向群臣百官宣布自己欲要废黜太子的消息。三公九卿之中，大多数人为了明哲保身，对皇帝废太子之事沉默不言。只有太仆来历、廷尉张皓极力表示反对。一者太子图谋不轨之事实在是空穴来风，没有任何证据。二来则是太子年幼，即使有过失，也不能妄自责罚于他，而应该施以教化。此次皇帝无端废黜太子，于祖制不和，不容于礼法。

皇帝见此，一时没了主张，欲问责于来历，亦是有心无力。此人人如其名，来历颇大。其母亲便是当朝天子的姑姑——武安公主。无论是刘肇在位还是邓绥掌权之时，都对其恩宠有加。来历树大根深，无凭无据之下，皇帝也奈何不得他。江京见此，忙向皇帝进言说，皇帝是天子，天子要宠谁废谁，臣下焉有不听之理。皇帝闻言，茅塞顿开，不等群臣同意，便悍然废黜了太子。

来历见此，依然不为所动。为了让皇帝刘祜收回成命，他便在宫门外安营扎寨。皇帝知晓，龙颜大怒，撤了来历的太仆之职，同时剥夺其母武安公主入宫晋见的权力。来历终于知道，这回皇帝是下定决心要废了刘保，于是便闭门不出，向外称病。

太子刘保是皇帝刘祜唯一的儿子，刘祜丝毫不考虑自己死后继无人的事情，实在是昏聩之至。自己心想多年的亲政，并没有像刘祜想的那样，可以实现自己的抱负。反而到了此时，朝中做主的，是自己亲近的几个亲戚和宦官了。

安帝延光四年（公元125年）三月，安帝刘祜下江南查看民情风土，不幸身染重病，在叶县驾崩。刘祜和东汉的众多皇帝一样，没有逃脱短命的厄运。而皇后阎姬，在子嗣方面，也承继了窦太后、邓太后无子嗣的特征，此番皇帝驾崩，太子被废，她也不免心想，自己独揽大权的时代终于来临。

一切都进行得很顺利，难道东汉真的就是气运如此，摆脱不了太后专权的窠臼吗？

王权几度易手

皇帝驾崩的消息第一时间便被阎姬封锁。此前她和阎显、江京都与刘祜一起，前去江南。刘祜一死，她三人便聚到一起商议，如何处理皇帝驾崩后的相关事宜。江京见多识广，一直以来便是皇后阎姬的心腹，此刻直言不讳地说："当前最为紧要的事情，便是严密封锁陛下驾崩的消息，如果消息不慎走漏，那接下来我们的路就难走了。"皇后闻言，深感有理，她知道，如果让远在洛阳的王公大臣们得知了这个消息，自己千里之外，鞭长莫及，势必会引起宫中变动。特别是那些对自己掌权、朝中满布阎氏宗亲不满的官员，很可能会抢先自己一步，拥立早已经废黜的太子刘保为帝。如此一来，则阎姬等人将命不久矣，何谈功名大业？

于是三人毅然决定，对洛阳谎称皇帝刘祜只是病重无法与其他人相见。而他们三人则依然每天对着皇帝刘祜的死尸贡献饮食、问候起居。适时江南天气渐暖，如此终非长久之计。于是在秘不发丧的同时，他们也星夜兼程地回返洛阳，四天之后，皇帝出行的车队便迈上了洛阳的官道。

此刻皇后终于向百官发布皇帝刘祜身死的消息。出殡发丧之日，皇后特别命令不准许废太子刘保参与相关事宜。刘保见此，只能在皇宫之内悲号不已，让人动容伤怀。

《后汉书》记载:"延光四年春,安帝崩……其夕,乃发丧。尊后曰皇太后。皇太后临朝,以显为车骑将军仪同三司。太后欲久专国政,贪立幼年,与显等定策禁中,迎济北惠王子北乡侯懿,立为皇帝。"刘懿年纪很小,被阎姬太后拥立为帝,正是"司马昭之心,路人皆知"。她这是要独揽国家军政大权。一朝天子一朝臣,现在轮到阎姬掌权,当然要对忠于先帝刘祜的那些人来一个大清洗,同时积极地将自己的心腹臂膀安插在国家的各个机要部门,以便自己能够得心应手地推行外戚之专权。

大将军耿宝位高权重,威仪堂堂,阎显很是妒忌,于是便暗示亲附的小人弹劾耿宝、樊丰等人,说他们结成朋党,作威作福,意图谋反。樊丰等人被投入大牢,受尽折磨而死。而耿宝也被贬职,遣送到封国。不堪受辱,耿宝便自杀身死。而阎景等几兄弟却都居权要,作威作福。

俗话说,多行不义必自毙。眼下阎姬如此顺利地便登上太后大位,享听政大权。但这并不意味着她可以像邓绥一样,执掌江山几十年。这一点,从其对待百官和亲人的态度上,就可以看出一些端倪来。邓绥宽以刑罚,多用教化,阎姬严刑峻法,独断专行;邓绥善待百官,约束族人,阎姬惯于杀伐,兄弟无法无天。由此而观者,其位必不久远。

果然,少帝刘懿刚刚被拥立二百余日,便身患重病。这一下,可是急坏了阎姬等人。此番如果刘懿一死,断然不能拥立刘保为帝。前面就没有拥立他,一旦他上位,阎姬等人必是难逃厄运。江京和阎显此时都在皇帝身边,每日忧心忡忡。一日,江京忽然灵机一动,便将阎显叫到一处僻静之地,小心翼翼地对他说道:"国家继承人的事应该及时确定。先前没有立济阴王刘保,现在如果立他,以后必定要怨恨。又为什么不早做准备征调其他王子,从中挑选立为皇帝的人呢?"

延光四年（公元125年）十月，刘懿和汉殇帝刘隆一样，对于自己所谓的九五皇权还没有任何了解，便悄无声息地死去。

此时的大汉王朝，又站在了历史的十字路口上，面临另一场选择。少帝刘懿去世之后，江京、阎姬等人便急切地需要找到另一个替代品出来。可惜阎姬无邓绥一般的见识。邓绥在汉殇帝身死之前，便找到了清河王刘庆之子刘祜承继帝王大位。此时，阎姬等人急切之间，又到哪里去找这样一个合乎礼仪、又合乎自己利益的人来做这傀儡皇帝呢？几人正在商议间，突然，江京灵机一动，忙察告太后，征调济北王、河间王的王子前来。阎姬以为大善。

与此同时，早在刘懿病重之时，宫中原本位高权重，到阎姬执掌政权之时便被架空的宦官孙程早就心怀不满了。于是他趁着太后等人无暇他顾的机会，忙于联络各方人马，不久，就成立了以孙程、刘保的近臣长兴渠为首的倒阎组织。其实他们也心中明白，此番虽然危险万分，但一旦成功，便可一飞冲天。何况朝堂之上，不乏欲要拥立刘保为帝之人。所谓富贵险中求，孙程等人此番的政变，正是充分计较之后，最为合理的做法。如此千载难逢的机会，孙程即使冒着失去生命的危险，也不可放过。

这年十一月某日，孙程等人趁着京师洛阳发生地震的机会，对天盟誓，誓死拥立刘保为帝。一行人到达章台门，正好看见江京和李闰在外躲避。孙程等人见状大喜，遂一拥而上，杀了江京。李闰见势不妙，便临阵倒戈，愿意立刘保为帝。刘保在宦官的拥立下，于西钟楼下做了皇帝。虽然没有玉玺在手、龙袍加身，但其颁布诏令召集公卿大臣前来议事。随后，皇帝便在宦官和朝臣的簇拥下，颁布了一系列诏令，同时派虎贲、羽林兵把守南北宫各门。

消息传到北宫之时，太后等人正在商议如何才能稳定局势，扳回败局，最终决定，诏令越骑校尉冯诗进宫护驾。冯诗早就对太后的做法有所非议，兼且王公大臣都想拥立刘保，自己一个小小校尉，可

141

不能错估了形势，误了自己的性命。一进宫，冯诗便决定无论太后等人说什么，自己都要推脱。恰如他所料，太后一见他，便显得极为亲切，许之于高官厚禄。可越是这样，就越显出其心虚得很。冯诗便以带兵不多为辞，回到营中。不久，前去镇压叛乱的阎显也被抓捕。

一夜之间，刘保和孙程便顺利完成了政变，稳定了朝中大局。次日，孙程等人又进入北宫，夺回玉玺，将阎显、阎耀、阎晏等阎氏三兄弟全部下狱处死，太后最后的一道屏障也就此消散。阎姬贵为太后，刘保杀她，于礼不和，遂将之打入冷宫。这年，刘保十一岁。

第二年，太后去世。自此，开始了东汉顺帝的统治，皇权几经易手，终于又回到了刘氏正统手中。

第七章

生不逢时的皇帝

昏聩无能汉顺帝

皇朝但凡新帝登基，便会有大赦天下的传统。刘保少年被废，后来大权更被阎姬等人执掌，此番上台，也少不得要效法先帝。其实，刘保在登基之初，也是怀着一腔抱负的，可惜他的性格懦弱，注定成不了世祖刘秀那般文治武功世所罕见的一代天骄。

永建元年（公元126年），皇帝刘保大赦天下。被赦免的也包括阎氏一族。由此可以看出，汉顺帝的性格是比较温和的。但是任何一个生于汉室衰微之时的皇帝，要想建功立业，只有温和而没有杀伐果断的铁血政策，是万万难以成就大业的。

后世之中，唐太宗为宽以待人的皇帝典范。但是他正处于唐朝的巅峰上升阶段，早年也历经血与火的洗礼。等到他执政，对人宽和的同时，也善于用人。

皇帝无能并不可怕，可怕的是皇帝所用之人皆是误国误民的昏庸之辈。

刘保安定国家大局之后，便着手封赏拥立自己上位的那些王公大臣以及后宫宦官。其中以孙程为首的十九位拥立刘保的宦官全部封侯。可是刘保登基日久，有感于这些人无一个是易与之辈，担心他们抱成一团，威胁自己的皇权，便逐渐疏远了他们。由此而观之，在皇帝的眼中，没有永远的朋友，只有永远的利益。为了维护自己的皇权，刘保不惜去宠幸另外一个宦官张防。宦官张防有一定见识，并没有参与孙程等人灭阎氏的事情，但一直以来，都比较忠心于皇帝。刘保少年称帝，没有什么主见，一旦遇着大事便会找张防商议。一般臣下受了皇恩，要么更加忠心行事，要么恃宠而骄。张防便是第二种人，仗着皇帝的信任，为非作歹，卖弄权势。司隶校尉虞诩不畏权势，见不惯张防的所作所为，便暗中收集张防的罪证，上书弹劾他，可是几次三番下来，皇帝依然不为所动。孙程见此，忙向皇帝进言，说应该抓捕张防，严明法纪。孙程素有威名，张防见此，也不得不束手就擒。即使连皇帝也碍于孙程的功勋，无法责怪于他。

皇帝刘保登基日久，也感念到宦官之害甚巨。自己长久地宠信宦官，必将导致大权旁落，便以"争功"之名，罢免了孙程等十九人的爵位，赶出洛阳。可是这顺帝刘保却是一个当断难断的人，过了两年，又觉得这样做会让功臣寒心，便将孙程等人调回了洛阳。孙程此后官拜骑都尉，没有实权，最终病逝洛阳。

永建三年（公元128年），洛阳发生地震，汉阳地陷裂；永建五年（公元130年），洛阳发生了旱灾和蝗灾，其他十二个郡国也发生了蝗灾，以后风、涝、水、旱时有发生。顺帝朝的经济形势日渐衰落，政治上也日益腐败。值此内忧外患之际，皇帝刘保整日忧心忡忡，他想学邓绥太后一样力挽狂澜，却有心无力。

永建五年（公元130年），羌族因为不满当地官员的暴政，在其首领的带领下，又爆发了起义。起义爆发后，顺帝大惊失色，连忙下令，集结了汉朝的精锐兵力十余万前往西凉之地镇压。战端一开，便一发不可收拾，迁延了十五年之久，到冲帝永嘉元年（公元145年）才结束，国力耗损巨大，使得汉朝一蹶不振。本来，此次战争是早就可以取得对羌人叛乱的胜利的，当时羌人兵力只有几万，而且内部还有许多人不同意叛乱，无论是经济实力还是军事实力都万万不及汉军。可惜参战的将官们放纵无忌，为了自己利益，相互迁延不出，贪污军饷,中饱私囊;士兵们受尽虐待,历尽艰辛,白骨相望于野。此外,为了供应十数万军队在对羌人作战中的巨大消耗,汉朝不得不大肆向民间征收重税,同时还征调民工。是时天灾不断,许多人倾家荡产,四处流浪,抛尸于高山,捐肉于寒草,无论国家兴亡,苦的都是平民百姓。顺帝刘保,眼见大汉王朝江河日下,自己虽然勤勉执政,却收效甚微,不由地感叹伤怀。如何自己就碰不上一个海晏河清、四海升平的盛世呢?即使是顺顺利利地做一个守成之君也可以。眼下自己不仅不能建立功业,反而将自己的人民陷入祸患之中。惋惜之余,只能为百姓减低一些负担,降低自己心中的愧疚。这说明刘保是有中兴之志的。可惜他太过文弱,竟然学习先帝刘祜,大肆地宠幸外戚,在不知不觉之间,又让东汉陷入了另一个轮回之中。是故有人对其一生功过论曰:"古之人君,离幽放而反国祚者有矣,莫不矫鉴前违,审识情伪,无忘在外之忧,故能中兴其业。观夫顺朝之政,殆不然乎?何其效僻之多与?"

梁氏权倾朝野

梁氏之重权,主要集中在三个人的身上。一是梁妠,为当今天子刘保之皇后;二就是梁妠的父亲梁商,为汉顺帝时大将军;三就是梁妠的兄长梁冀,号称"跋扈将军"。自他们崛起之后,梁姓戚族声势日渐壮大,当权三十年,封侯爵的七人,当皇后的二人,当嫔妃的二人,当大元帅的二人,妻子女儿被封为"郡君"(女性王爵)、"县君"(女性侯爵)的七人,娶公主的三人,将领五十七人。整个东汉王朝的外戚权贵之中,只有邓绥为首的邓氏家族可与之比肩。

大凡每一个在历史上大有作为的人,都会有异于常人之处,即使没有明显的事情可以证明其天赋异禀、不同寻常,后世之人也会用些想象编造一些出来。梁妠贵为皇后,权倾天下几十载,待得她功成名就,虽然是一介女流,为古人所不屑,但总有阿谀奉承之人,会为其树碑立传,编撰传说。

著名的《后汉书》中就对其身世有这样的详述:梁妠一生下来,就有日月光辉的祥瑞。少年时代善于做女工,喜好阅读史书,九岁时能背诵《论语》,研究《韩诗》,并能略举其中大义。她常常把列女的画像放在自己的身边,以此来自鉴自警。她的父亲梁商深感奇怪,私下对弟弟们说:"我们的先人在河西保全接济别人,救活的人不可胜数。虽然最终没有得到大位，但是积德必有还报。假如吉庆能影响到后世子孙的话，或者将由这个女孩兴起吧。"说来奇巧，上天仿佛真的就听见了梁商的祈求，让梁家自梁妠开始，扶摇直上九万里，傲视四海、雄踞天下。

这一天来得很快。

永建三年（公元128年），梁妠与她的姑母都被选入掖庭，当时她虽然只有十三岁，却已经生得亭亭玉立，如含苞待放之牡丹。相工茅通一见梁妠，当即十分惊讶，忙拜礼祝贺说："这正是所谓日角偃月之相，这种极尊贵的面相，是臣所从未见到过的。"有太史卜兆得寿星房宿之象，又筮得"坤"变"比"的吉卦，于是皇帝封她为贵人。其实，这些求神问卜之术，不过是皇帝欲要立她为贵人的推辞托词，刘保乍一看见梁妠，便被其美貌所倾倒，立个贵人，实在是实至名归，满足皇帝刘保所好罢了。

自此，梁妠经常被特殊召去侍奉皇帝，眼见宫中许多贵人已然对自己有不满之意，梁妠何等聪明之人，立刻当机立断，不能继续这样一直受到皇帝陛下专宠，否则遭受众人妒忌，便会成为众矢之的。兼且自己也无法一直满足皇帝的要求，因为皇帝历来都是喜新厌旧之人，自己此番时常与皇帝见面，不免会有失去宠爱的一天。于是，她便从容地对皇帝说了这样一番话："阳以广博施恩为德，阴以不专固为义，后妃若螽斯不妒忌，则子孙众多，福瑞由此而兴。愿陛下思考像云雨一样均匀地润泽万物，懂得鱼贯排列有序的意义，对众位后妃遍加宠爱，使小妾我得以免受责怪讥谤的拖累。"

皇帝见她丝毫不恃宠而骄，反而以一颗宽容之心，为大汉繁荣昌盛着想，心中大为赞赏。由此皇帝更加敬重她。阳嘉元年（公元132年）春天，有关主管官员上奏皇帝立长秋官，以乘氏侯商（即梁商）是章帝的外戚，据《春秋》的大义，君王娶亲首先考虑娶大图女子，据此梁贵人应该是德配天福，正居皇后之位。皇帝同意，于是在寿安殿立梁贵人为皇后。与此同时，梁妠的姑姑也被皇帝册立为贵人。

皇后从小就聪明而贤惠，深察前代的得失，虽然她是凭德义而进位为皇后的，但是不敢有骄横专宠之心，每当出现日食月食等上天表示责罚的时候，她总是换穿素服，检讨自己的罪过。皇帝刘保见此，更加信任皇后，梁氏一门也因"一人得道"而"鸡犬升天"。

梁妠之父梁商被封赏为"特进"官职（授列侯中有特殊地位者），赏赐安车驷马。同年，又拜梁商为执金吾（督巡三辅治安的长官）。其实，梁氏一门本就是当时的显贵，只是在窦氏兄妹夺权过程中遭受打压，梁氏姐妹也梦断黄泉。梁商年轻之时便凭借这外戚的身份做了郎中一职，因其颇有才干，便又被升迁为黄门侍郎。直到顺帝即位的永建元年（公元126年），梁商便承继了其父亲的爵位，做了乘氏侯。梁商素有忠义之名，年轻之时，正是家道中落的时候。梁商也听过和见识了梁氏所遭受到的窦氏、邓氏、阎氏等外戚的压制和打击，在宦海中几度浮沉。因此，从小他就不敢以皇亲国戚的身份自居，反而随着其官职的逐渐升迁，他变得更加谦和恭敬。虽然事隔多年，他还是对窦氏、邓氏等人上位之后，朝堂之上的风云变幻、腥风血雨谈虎色变，可惜随着皇帝的宠幸日盛，自己的儿子梁冀也在阳嘉二年（公元133年）被当今天子封为襄邑侯，日渐骄横。幸得此时梁商还是一家之主，管得住自己的这个儿子。可他知道，梁冀非池中之物，虽然现在没有恃强凌弱的表现，但其性格已然不时地凸显出来，一旦给予他龙入大海的机会，带给整个大汉的，就不知道是福气还是祸患了。

阳嘉三年（公元134年），顺帝想让梁商当大将军，梁商知道，前面自己就拒绝了皇帝要封赏梁冀的诏令，此番如果还拒绝，势必会让皇帝难堪，但是为了不引起别人的嫉恨，无论如何也接受不得。于是梁商便坚持说自己有病,一直不上朝,直到皇帝收回成命之后,他才重新回到自己的职位上去。此番他这一作为,可谓是聪明之至,既让皇帝安心地将权力交给他,又让群臣心服于自己的德操。也许在他的女儿入宫为后以来,他的思想就一直在发生着改变,或者在他懂事以来,就深谙韬晦之术,知道此次只有以退为进才最为合适。因此在阳嘉四年(公元135年),梁商便借着太常桓焉捧着策书到梁商的家里来授官的机会,没有多少推脱便去皇宫叩谢皇恩,领了大将军印绶。不久,梁冀也被皇帝封了侯爵。自此,梁氏一门终于走上了帝国权力的高峰,但这并不意味着会就此结束。

梁商在世之时,对梁家人的约束是很严格的,自己也时常提醒自己不要恃宠而骄,因为他深谙,在这帝王之家,每一步都要谨小慎微,只有步步为营,才能够保证梁氏一族的长久富贵。这一点,其女梁皇后也和他极为相似,在深宫内院之中,虽然偶有动作,却也张弛有度。对人大度宽和,对自己要求严格;对皇帝尽心竭智,对族人百般制约。当然,这一切都是表面的功夫,她要的不是族人嚣张无度,违法乱纪,而是养精蓄锐,暗藏韬略。

自从梁商做了大将军之后,越加表现得谦恭宽和。他不拘一格,向皇帝举荐人才,如举荐汉阳人巨览、上党人陈龟为掾属,李固、周举为从事中郎。举荐这些有才能之士,既保证了汉室不至于不可救药,也能够使自己获得一个清正廉洁的好名声,更能够在关键时候让这些人为自己所用。诚可谓一石三鸟之策。皇帝有感于此,对他更为信任,将许多国家机要大事交给他处理。

眼看梁氏一门受到皇帝如此恩宠,那些昔日和皇帝一起打江山的宦官们就坐不住了。可惜梁商为人谨慎,连百姓都赞叹他是个好官。刘保在位之时,汉朝天灾不断,梁商见此,丝毫不吝啬自己的财物粮食,借着国家之名向各个郡县的百姓发放。同时,他对自己族人的约束甚为严格，一旦他们犯有过错，决不轻易饶恕。如此为官，从日后梁氏一门的作为来看，当然是深谋远虑之举；但如是从当时的国家情况而言，梁商则不失为一个为国为民的好官。

当然，宦官们是不会轻易让梁氏一家逐渐坐大为患的。

忠臣奸臣，忧国祸国

东汉王朝自第四个皇帝起，就开始了外戚专权的局势，这以后，皇帝的废立直接间接都为外戚所左右。当然，没有任何一个皇帝愿意甘当外戚的傀儡，这便为宦官势力的崛起提供了土壤。宦官外戚左右朝局，汉代选官制度便就此形同虚设，士大夫阶级当然不会束手待毙，于是三方势力彼此角逐，演绎出整个东汉中晚期帝国前进的脉络。

外戚、宦官、士大夫，这三方势力各具特色，相互制约。人们往往会更多地偏向于士大夫，认为他们正直、有气节，应该掌权；其次则有一部分人认为在皇帝羸弱、不堪大用之时，外戚辅政也是唯一而有效的选择；但却极少有人希望宦官可以荣登九五之尊。世人总是抱着一颗敌视的心看着宦官。这当然不能责怪世人，而应该从宦官的本质看看，他们为何会招人敌视。

因此，在当时而言，梁商作为一个比较有节操的官员，是难以被宦官所容忍的。汉顺帝刘保就是在十九个宦官的支持下，才得以击败阎姬，得承地位。此番大事既成，宦官当然希望自己能够获取皇帝持久的宠幸。此时士大夫阶级并没有较大的势力，能够与宦官争权的人，只有外戚家族。这些宦官平生没有什么大志，好的则能够忠君为主，奸的则会害人误国。随着梁商的恩宠日盛，这些后宫之中的闲人自然会被皇帝冷落。其实他们只不过是皇帝的工具,一旦天下定矣,他们便可有可无。对皇帝而言,他们一来不能像外臣一样在治国带兵之时为皇帝所用,二来不能像皇后贵人一般为皇帝所念。

可宦官是不会甘于沉寂的。不久,他们就想出了一个办法谋害梁商,以重新获取皇帝信任。

顺帝永和四年(公元139年),中常侍张逵、蘧政等人一起合谋,诬陷梁商和另外的两个中常侍曹腾、孟贲,说他们积极动作,联络朝中大臣和某些王子,欲废掉顺帝另立新君,于是请求皇帝下令,逮捕梁商等人,治他们谋逆大罪。哪知顺帝不为所动,他虽然昏聩,却并不糊涂,心中早已明白是非黑白,对宦官们的心思也可说得上是了如指掌,所以前面才会将拥立他的十九位宦官废而不用。见他们言辞凿凿,顺帝直截了当地说道:"众卿家可知,大将军父子以及皇后一家都是我的亲人,曹腾、孟贲都是我喜爱的人,此番你等来弹劾他们,可有确凿证据?"见一众宦官相互顾盼,顺帝顿时胸有成竹地继续说道:"一定没有这样的事情,只是你们都嫉妒他们罢了。"

张逵等人见顺帝如此表现,知道自己的谎话败露,只是皇帝昏聩无能,一时之间倒没有定自己胡乱给人安插罪名的罪责,可是这并不代表这件事情一旦为梁商等人所得知,自己几人会相安无事。如此一想,张逵等人顿时大惊,索性一不做二不休,干脆来个先斩后奏。于是,张逵等人急忙命人做了一篇假诏书去将曹腾、孟贲逮捕起来,并关在皇宫之中。这二人也甚得皇帝恩宠,几人也不敢直接将其杀害。不久,这件事情便为顺帝所得知,顺帝听说后大怒。这还得了,宦官虽然拥立有功,但如此下去,却是皇帝万万不能忍受的。梁商忙向皇帝进言,救人要紧,先命令宦官李歆赶紧把曹腾、孟贲放了,再把张逵等人逮捕起来。经过审讯,张逵等人都承认了自己的罪行。

可是,这件事情并没有就此结束,因为在张逵等人的供词之中,还牵连到一些王公大臣,皇帝见此,也犹疑不决,不知是否要斩草除根。梁商知道，如果真的追究下去，不管他们是冤枉的还是罪有应得，都会牵连甚广，如此一来，则朝纲大乱，人心不定。于是他急忙向皇帝上书，劝皇帝"知止安人"。顺帝觉得很有道理，便采纳了梁商的意见，仅仅将那些证据确凿、无法辩驳的人绳之以法。

永和六年（公元141年），梁商病重死去，临终前还不忘叮嘱自己这个恃才傲物的儿子梁冀，要他谨记勤俭，对自己的葬礼不要过分奢侈。皇帝刘保有感于其忠贞，亲自到他遗体之前致哀，并赏赐金银衣物无数，赐予他谥号"忠侯"。

当然，在顺帝那个混乱纷争的年代，受到宦官排挤和打压的绝对不止梁商一人。梁商位高权重，甚得皇帝宠幸，即使为奸人陷害，也能无所畏惧、不受其害。而人微言轻的张衡就没有梁商那么好的运气了。

跋扈大将军梁冀

梁商在世之时，素有贤德之名。他在阳嘉三年（公元134年）攫取了权倾天下的大将军之职，"以戚属居大位"历来为皇帝所防备，为群臣所诟病。因此，梁商一直不敢放纵自己，反而对皇帝忠心不贰，对朝务尽心竭力，为群臣之典范，而且礼贤下士，不拘一格地为皇帝挑选人才。因而直到他逝世，依然没有什么过错，留下了较为贤德的名声。

不得不说，梁商具备极为长远的眼光。他知道，自己在世之时，皇帝无论是身体状况还是心性，都不是自己可以妄自颠覆的。只有自己在生前，为子孙奠定良好的根基，才能在将来朝局变动之时，换取梁氏家族的主动地位。

永和六年（公元141年），梁商一死，其子河南尹梁冀任大将军。二月丙辰日，皇帝令大将军、公、卿等举荐贤良方正、能探索玄妙道理的各一人。在大将军的建议之下，梁家的心腹执金吾张乔做了车骑将军，率领军队屯守三辅，以为京师洛阳之屏障。自此，汉顺帝完成了一个军事大权完全旁落的转型。皇帝无能，导致民不聊生，外患未绝，内忧四起。这年八月，南匈奴左部大人句龙吾斯与薁鞬台耆等反叛，东汉对匈奴政权的统治地位逐渐丧失，这是南匈奴日益强盛，而汉朝则日益衰落造成的必然结果。而汉朝内部，诸多郡县盗贼四起，官员昏聩，贪赃枉法者不胜枚举，皇帝不清明吏治，却只遣侍中杜乔、光禄大夫周举，守光禄大夫郭遵、冯羡、乐巴、张纲、周栩、刘班等八人分别巡访州郡，宣扬风俗教化，检举核实善恶好坏，收效自然很小。为了进一步排除异己，在梁冀的打压下，一直忠于汉室的太尉桓焉、司徒刘寿被免职，转而由梁氏亲信司隶校尉赵峻任太尉，大司农胡广任司徒。

汉安三年（公元144年），皇子刘炳被册立为太子，入主东宫，改年号为建康，大赦天下。同年八月庚午日，皇帝崩于玉堂前殿，当时年龄三十岁。刘保没有起到中兴汉室的作用，反而沿袭前代的错误，不辨忠奸真伪，让汉朝天下更加腐朽。

刘保驾崩，梁妠连夜召其兄长梁冀入宫。梁冀凭借手中兵权，封锁了洛阳各处宫门和城门，意在维持洛阳重地的稳定，完成帝位交接。

而在此之前，梁氏兄妹就密谋，眼看顺帝刘保一病不起，又要步入前朝多个皇帝的后尘，短命而去，便想要择一人坐上太子大位。而梁皇后则和众多掌握实权的皇后一样，一直没有子嗣。当然，单纯靠他们还显得力量不足，于是，梁氏兄妹还纠集了宫中握有重权的宦官们，和他们商议这太子大位的人选。

最终决定，立虞贵人年仅一岁多的儿子为太子。这人便是刘炳，也就是后来的汉冲帝。一来这虞贵人并不是什么权贵之后，祖上也就是一般的官宦之家，当朝之中也没什么权势，自然便于控制，少了许多麻烦。二来其子刘炳还是嗷嗷待哺的小孩，连自己是个傀儡的意识都不会产生，于梁氏而言，无疑是最佳选择。

当年八月庚午日，汉顺帝刘保的葬礼还未完成，刘炳便在梁氏兄妹的扶持下，即皇帝位，年仅二岁，尊称皇后叫皇太后。因皇上年幼，太后顺理成章地临朝听政。这年八月丁丑日，任命太尉赵峻为太傅；大司农李固为太尉，参加总理尚书事务。九月丙午日，葬孝顺皇帝于宪陵，庙号为敬宗。

等待了多年的梁氏兄妹，终于迎来了人生权力的巅峰。然而，伴着顺帝的驾崩，汉朝江山也江河日下。天灾不断，外忧内患连连，朝廷派出的军队腐败不堪，致使汉朝败仗不断。梁氏兄妹在处理国家政事方面的能力和窦氏兄妹及邓绥太后高下立判。然而，正在二人苦思治国之策的时候，另一个噩耗也接踵而来：新帝刘炳病危。

永嘉元年（公元145年）春正月戊戌日，皇帝崩于玉堂前殿，年仅三岁。

一时之间，梁氏兄妹大乱阵脚，生怕自己会像阎姬太后一样，在这期间被人推翻，从而连累自己的家人举家灭族，更使得自己苦心孤诣经营多年的大好局面化为梦幻泡影。虽然历史有着惊人的相似，但总是在很多地方不会简单地重复。

昔时，刘保是一个废太子，而且阎氏之作为，早已经惹得宫中群情激愤，设立刘懿为太子，后继承皇位，实在是名不正言不顺；此番，冲帝本就是太子，他一死，朝中少有人可以找人出来代替于他，这个权力依然把持在梁氏兄妹手中，同时，梁冀之父梁商身前素有贤名，大树之下，梁氏兄妹自然少了许多后顾之忧。此外，昔日宦官与外戚之间可谓是水火不容，今天则是相互妥协，唇齿相依，后宫大局一定，前朝军权在握，梁氏兄妹几乎不费吹灰之力，便将继任之人扶持上皇位。最后，梁氏兄妹还汲取了前朝阎姬太后的教训，未免措手不及，在冲帝病中不适之时，便开始商议对策，未雨绸缪，将刘缵（肃宗的玄孙，曾祖父是千乘贞王刘伉，祖父是乐安夷王刘宠，父亲是勃海孝王刘鸿，母亲是陈夫人）迎接到洛阳城中，严加看护。

刘炳一死，梁氏兄妹便在宦官的配合下，密切监视洛阳城，一旦有何异动，就可便宜行事，又让宦官拟旨，昭告天下，为冲帝发丧，稳定了宫中的局势。最后梁冀持符节，用王青盖车去宫外迎接刘缵进入南宫。丁巳日，刘缵被封为建平侯，当天即皇帝位，年仅八岁。

梁氏在帝位交接之间，可谓是计算精准，步步为营，环环相扣，一丝一毫皆滴水不漏，梁氏大权终于得以保全。接下来，无论汉室如何衰微，只要大汉不亡，梁氏兄妹就能够肆无忌惮地行外戚专政之权。

冲帝驾崩，再立质帝，太后梁氏仍然秉持朝政。

皇帝登基日久，也日渐了解到自己的处境。他虽然年纪不大，但毕竟生在皇宫，对宫廷之事也颇为了解，当然不会甘于做一个傀儡。但是，他外不能联络众臣，内不能消灭外戚，只能在偶尔颁布诏书之际，无关痛痒地抒发自己对困境的担忧和对天下的愧疚。

这年，九江、广陵二郡多次遭侵害，破坏得最严重。百姓流离失所，白骨曝露于荒野。皇帝认为自己施政不当，愧疚非常，每念及此，心痛难当，遂命令调邻近郡的谷物，开官仓供给穷困弱小的人粮食，收埋枯骨，一定要加以埋葬抚恤，从而慰藉其愧疚之心。由此而观之，皇帝刘缵是真的想做个亲政爱民的好皇帝，或许在他的治理之下，这巍峨江山还能够重新焕发生机。可惜他生不逢时，遇上了梁冀这个"跋扈将军"。

一日，朝堂之上，百官均已各自站定到自己的位置上，甚至皇太后和皇帝都已然坐定，却只有一人没有任何原因，便误了早朝。

他就是梁冀。梁冀自从做了大将军以来，一直嚣张无忌，刘保在世之时，他还有一些忌惮，不敢胡作非为。但是自从顺帝死后，朝中大权便都掌握到梁氏一门的手中，就连朝中很多大臣也甘心成为梁冀的鹰犬。梁冀便没有了任何顾忌，即使是王爷见了他，也得退避三舍，恭顺有加。

渐渐地，就连他父亲当年一手提拔起来，后又得到梁太后重用的相关大臣都对其心怀不满。其中最具代表性的便是太尉李固。李固见梁冀这么久还不来上朝，便向皇帝进言，说不如先议国事，他既不按时到来，我等大可不必等他。

说来也巧，李固这句话刚说完，梁冀就来了，同时大声咆哮道："尔等鼠辈，竟然不等本将军，本将军不来，这朝廷还算是个朝廷吗？"说着，梁冀恨恨地对李固说道："原来是太尉大人，好大的气势！"

李固面红耳赤，却敢怒不敢言，心想：前车之鉴，一些不满他的官吏，或被斩杀，或被囚禁。皇帝陛下从小聪明伶俐，迟早可以亲政，为了皇帝陛下的大业，自己千万要忍住。昔日，韩信受胯下之辱，才助高祖成就千秋霸业，只要皇帝能够保全，这点侮辱又算得了什么。

眼见朝堂之上，竟然无一人敢与梁冀辩驳，质帝年幼，不免有不服之意，少年心性，自然无韬晦之略，于是，便脱口说道："真是个跋扈将军！"百官一听，都为皇帝的胆略所叹服，一时之间，群臣对于梁冀的不满之声，传遍了整个朝野。碍于情面，梁冀当然不会当场发作，但是内心却对这个皇帝愤恨不已，事后一想：此子初生牛犊不怕虎，如果放任不管，将来势必成为自己的心腹大患。梁冀索性一不做二不休，准备除掉质帝再立新帝。

于是，梁冀便买通了宦官，暗自将毒药放在煎饼之中，送给质帝去吃。此药见血封喉，质帝又没有什么防范之心，吃了煎饼便感受到心腹之间，痛如刀割。太尉李固闻讯，急忙赶来，问太医皇帝为何会这样，太医如实禀告，正欲施救，质帝便倒了下去。

本初元年（公元146年）闰月甲申日，皇帝崩于玉堂前殿，年仅九岁。可叹其在位时间不足一年，就在奸臣梁冀的毒害下殒命。

为了防止李固随意乱说，同年闰月丁亥日，太尉李固被免官。戊子日，司徒胡广任太尉，司空赵戒任司徒，太仆袁汤任司空，与梁冀一起总理尚书事。自此，梁冀一人总揽朝中大权，嚣张跋扈，不可一世。

第八章

宦官主宰下的政局

偶然成了皇帝

汉质帝本初元年（公元 146 年），汉桓帝刘志即位，此时刘志年方十五岁。

按照汉朝祖制，在外为王侯的人，绝对不可以擅自僭越，登基为帝。但是自从汉章帝以后，汉室便在外戚或者宦官的操控下，屡屡废黜正统太子，而迎立年纪幼小的在外王侯之子为帝。汉桓帝刘志便是在这样的背景下，侥幸登上九五大位的。

其实在此之前，梁氏兄妹和一众宦官就对废立皇帝之事有所考虑。眼看着质帝日益长大，而且表现得也极具王者之气，若不将之尽早扼杀，迟早会危及到梁氏兄妹的统治。越早选出可以替代他的人，便越能够保证梁氏兄妹的江山永固。

于是，他们将自己的目光朝向了刘志。刘志虽然年龄很小，但已经继承了刘翼蠡吾侯的封爵，但是经过他们多方的调查，发现此人胸无大志、目光短浅，正是二人心目中继承皇位的人选。

所有人都没有预料到，这一天竟然会来得这么快。这日，顺烈皇后梁妠以皇太后身份征刘志到洛阳城北的夏门亭，准备把自己的妹妹嫁给他。忽然宫里传来消息，自己的哥哥梁冀竟然毒杀了质帝。很快，梁冀便来到梁太后寝宫，商议册立新君之事。

梁冀一到，便向梁太后说道，此番质帝已死，要想继续维护自己的统治,当务之急,就是选择一个符合自己心意的君主。太后闻言,深感有理,忙向梁冀说道,前面他们二人已经关注的人选,即刘志,可以承担这样的角色。此番刘志已经是他们的妹夫,如果能够登上帝位,不仅能够迅速堵住悠悠众口,还能够亲上加亲,让自己更加容易地控制皇帝。梁冀一听,当即赞道:"还是太后圣明!"

第二天,这二人便将这个决定在朝堂之上公布,可惜尚自在位的李固早就纠集了一帮人,反对刘志称帝。在李固的带领下,胡广、赵戒及大鸿胪杜乔都认为清河王"明德著称",且血缘与质帝最近(为质帝兄),应立为嗣。梁冀苦于找不到别的理由反对,只好宣布暂停讨论。

第二天,宫中掌握实权的宦官站了出来,特别是中常侍曹腾,坚决反对册立清河王刘蒜为帝,其实无论是谁做这宫中的主子,一时片刻之间,也很难将梁氏兄妹的权力削弱半分,当然宦官们的权力也就不会受到什么影响。但是刘蒜很不幸,曾经因为看不起宦官乱权,而在曹腾去拜谒他之时,对其多有怠慢。曹腾一直就是一个睚眦必报的人,此番当然不能让刘蒜在自己的眼皮底下,承继九五之尊。否则日后他一旦做大,自己等人不是要任其鱼肉了吗?

最终,在外戚宦官的联合压制下,李固等人被迫让步,不久,李固更被罢官。

本初元年(公元146年)闰六月初七,大将军梁冀持节以青盖车迎刘志进入南宫,当天登基即位,是为汉桓帝。桓帝年少,梁太后继续临朝听政。

此后,刘志成为了梁氏兄妹手中又一个傀儡。此时,朝廷内外,国家大事,事无巨细,多数事情都是由梁冀一言而决。梁冀专擅朝权、滥施暴力,忌妒陷害忠良,多次用邪说歪理使太后疑惑甚至失误。对于李固之事,二人早就决定将他贬官为民,然而即使李固不在朝中,那些支持他的人依然在许多事情上违逆梁冀的意思,梁冀便认为，他们是借了李固的势头。于是，梁冀悍然决定，杀一儆百。不久，梁冀便撺掇梁太后诛杀了李固。

和平元年（公元150年）春天，太后行将就木之际，对自己一生的功过是非做出了比较全面的思考，她知道，自己无论如何，再也无法执掌这大好河山了，眼见皇帝日益长大，梁冀日益变老，群臣都生出了反对梁氏、拥立刘志的心思，未免自己死后留下不好的名声，也为了将来皇帝执掌大权之后，能够念自己拥立之功，放梁氏一马，便决定将政权归还皇帝，她病卧在床，病情日见加重，便乘辇车到宣德殿，召见宫中与朝廷官属及梁氏众位兄弟。

不久，梁太后便溘然长逝，她在位十九年，享年四十五岁，死后与顺帝合葬在懿陵。虽然在名义上，梁太后将政权回归到刘志的手中，但是实际上，梁冀变得比往日更加嚣张。他见自己亲手杀了质帝，天下人虽然都知道那是自己所为，却不能将自己奈何，便窃以为只要自己君权在手，恩威并重，皇帝还不是自己手中玩物，百官也只不过是一群看客。

一次偶然，让刘志做了他父亲想做却做不了的皇帝；一次偶然，也使人民陷入了水深火热之中。

刘志的辛苦等待

及至梁太后病逝，皇帝以安慰梁氏家族为借口，增封梁冀万户食邑。至此梁冀一人已累积封邑三万户，远远超出了汉代封侯的界限。臣下虽有不满之意，却无人敢于出口劝诫。前面杜乔因为劝诫不成，反遭梁氏兄妹陷害，杀身殒命，举家流放，自然成了群臣心中不可磨灭的印记。

与此同时，刘志又封梁冀妻子孙寿为襄城君，兼食阳翟县租税，岁入五千万，加赐赤绂，比同长公主的仪服。

梁冀有此恩宠，不仅没有丝毫感恩，反而贪得无厌地向皇帝索取更大的权力地位。元嘉元年（公元151年），刘志迫于梁冀的压力，允许他佩剑着履上朝，又将定陶、阳成两县的余户全部增封给他，合为四县。梁冀每次参加朝会，与三公分席而坐，以求位尊；十天进宫一次，处理评议尚书所奏的事务。这是将汉朝立国以来，所有功臣权贵的礼仪添加到梁冀一人之身。皇帝此举，实在是高明之至，一者可以借虚名麻痹梁冀，维持自己帝位的稳定，二者可以激起宦官的不服和朝臣的非议，使梁冀成为众矢之的，为以后自己的进一步动作做出充足准备。

自此，梁氏一族的权力终于走向了最高峰。俗语说得好，物极必反。梁冀见自己的恩宠，无异于天下第一人，便更加有恃无恐、肆无忌惮地搜刮百姓、残害忠良。

终于，刘志觉得，这个网放得够大了，可以收回来了。

天下虽大，却有十之八九之人想要食梁冀肉，扒梁冀皮。

梁冀跋扈成名，其妹梁皇后亦是嚣张成性。这些年，皇帝刘志除了极力恩宠梁氏一门之外，还做了另外两件事情。一者，就是大肆笼络宦官，让曾经依附于梁氏兄妹的宦官，大都为桓帝所用。二者，则是对梁皇后态度的转变。《后汉书》记载，有司官员向尚且在世的梁太后进言："《春秋》记载迎王后于纪，还在路途上就称为皇后了。现在大将军梁冀的妹妹，应当继承后位。缔结婚约之际，已经有太后之命允许他们结合，现在应该备齐礼章，按时纳聘以成婚。应把这个意见下达三公、太常，按礼仪行事。"

梁皇后是梁太后和梁冀的妹妹，她被安排为刘志的妻子，其实也就是梁氏兄妹为了更好地控制刘志的棋子，此番如果能够成为皇后，日后也许还能成为太后，这当然是梁太后所希望看到的。于是，太后欣然同意。

梁氏于桓帝建和元年（公元147年）六月初进入掖庭，八月，朝廷全部依照孝惠皇帝纳皇后的旧例，聘礼用黄金二万斤，纳采用雁、璧、四马车、束帛等，将梁氏册立为后。

当时太后秉国政而梁冀专掌朝权，所以皇后能独自得到宠幸，自她以下都不得觐见皇帝。皇后凭借着她的姐姐兄长的荫庇势力，日益骄奢。这些桓帝刘志虽然都看在眼中，却不能说一个"不"字。

然而，皇后仗着梁冀和太后的庇护，不仅不知道对自己的行为加以节制，反而变本加厉。梁皇后没能给刘志生下太子，所以对后宫三千佳丽充满怨恨妒忌，没有半点宽容之心。特别是每当有宫女贵人怀孕，她都会以歹毒的手段，将其子嗣除掉。"不孝有三，无后为大。"这下可碰触了皇帝刘志的禁脔。要不是皇太后高高在上，大将军虎视眈眈，桓帝早就废黜了她。

终于，皇太后驾崩，后宫之中，再也没有可以完全掌控皇帝的人了。虽然时常会被梁冀逼迫，不敢对皇后谴责发怒，但皇后侍奉皇帝的机会转而渐渐稀少。随着刘志对梁皇后恩宠的渐渐衰减，她也在寂寞愤恨中一病不起。

桓帝延熹二年（公元159年），皇后因忧愁愤恨而死去，她在位为皇后十三年，被埋葬在懿陵。

太后在世之时，梁冀与之互为臂助，刘志自然不敢妄自行动；等到太后去世，梁冀依然权重，刘志只能选择从梁皇后身上找到一个突破口，剪除梁氏在后宫之中的庞大势力。

这一天，刘志等了十三年。

一举定江山

在梁皇后逝世之前，桓帝便极为宠幸一个妃子，她就是梁贵人。梁贵人其实应该姓邓，名猛女，是和熹皇后的堂兄之子邓香的女儿。据史书记载，梁贵人的母亲宣，起初嫁给邓香为妻，生下女儿，后又改嫁梁纪，梁纪是大将军梁冀妻子孙寿的舅舅。梁贵人少时死去了父亲，随其母亲居住，因而假冒姓梁。

这年，梁冀的妻子在一次偶然的情况下，看见她容貌美丽，同时又和梁冀一个姓氏，算得上是亲戚，便在永兴年中举进她入掖庭，为采女。此女天资聪颖、美丽绝伦，桓帝一见之下，顿时为之倾心，加上皇后所作所为不为人喜，梁贵人便显得特别受宠爱。一人得道之下，第二年，皇帝又封她的哥哥邓演为南顿侯，位为特进。

此刻，桓帝终于不用再忍受梁皇后执掌后宫的窝囊气，便决意将梁贵人册立为皇后。梁冀此时依然把持着朝中的军政大权，自己妹妹尸骨未寒，皇帝便要另立皇后，叫他这个"国之柱石"情何以堪？他认为，自己妹妹之所以会在备受冷落的凄凉中死去，都是被这个蛊惑了桓帝的梁贵人所害。

义愤之下，梁冀决定除掉这个红颜祸水。

其实，在梁冀准备除掉梁贵人之前，他还杀了梁贵人的姐夫。前面说到，梁贵人因为其母亲的缘故，改姓邓为姓梁。这件事情在其姐夫议郎邴尊的眼中,便成了大逆不道的事情。他认为,当今天下臣民最大的敌人,不是贪官污吏,也不是内乱外患,而是梁氏家族,特别是梁氏兄妹。梁贵人改姓,虽然能够博取梁氏兄妹的喜爱,但却是为求入虎穴,不觉入了狼窝。梁贵人闻言,深觉有理,便欲将这姓氏改正过来。梁冀闻言,当即大怒,这不是看不上梁冀吗?梁氏一族,权倾朝野,在这大汉天下,只要有梁冀在一天,就无人敢在他面前有半点违逆。于是,梁冀不顾皇帝和梁贵人的颜面,直接将议郎邴尊抓了起来。皇帝在梁贵人的请求下,正要前来向梁冀求情,还未到梁冀府上,便听人通传说,邴尊被梁冀当场杀死。刘志虽然心有不平,但为了不激起梁冀的反感,只能忍气吞声,从此绝口不提此事。

梁皇后死后,梁贵人之母宣便经常和梁贵人在一起。过去梁皇后极力反对这种情况,害怕宫中妃子和外戚勾结在一起,坏了自己的宫中地位。此时梁皇后已死,梁贵人终于能够和自己的母亲时常在一起,一诉宫中的寂寞了。可惜,这件事很快便传到梁冀的耳中,梁冀一来跋扈,二来则是为人敏感。一次两次还好,梁贵人三番五次地前去和自己的母亲相会,难道是为了夺取她们觊觎多时的皇后大位?于是疑心之下,他便想将梁贵人和其母亲一起杀死。

俗话说,谋事在人,成事在天。梁冀万万没有想到,自己所派去的刺客进入宣家时,竟然被其邻居袁赦发现。袁赦告知宣,宣入宫向桓帝哭诉,由此点燃了汉桓帝心中的怒火,使他再也难以忍耐。因为梁皇后已死,桓帝正欲册立梁贵人为后,梁冀刺杀贵人之生母,岂非欺人太甚!

真到了要动手的时候,桓帝又犹豫不决起来。这么多年,桓帝都生活在梁冀兄妹的阴影之下,那种感觉实在是太过刻骨铭心了。他知道,一旦自己失败,不仅做不了皇帝,还很可能有杀身之祸。为了严密封锁消息,桓帝不得已躲进厕所里面,向身边宦官唐衡战战兢兢地问道:"左右宦官中谁和梁冀不和?"唐衡想了想,说:"单超、左悺与梁冀的兄弟梁不疑有怨，徐璜、具瑗也不满梁家，但不敢言。"汉桓帝一想，这几人在宫中颇有权势，又与梁冀有隙，定然能够为自己所用，于是，桓帝忙将单超、左悺秘密召入内室，对他们说："梁冀兄弟专擅朝政，满朝公卿有目共睹，我想把他们除掉，你们意下如何？"单超等道："如此奸贼，早就该杀，只是我们势单力薄，不知陛下有何打算？"汉桓帝说："我主意已定，只需诸位全力以赴地助我即可。"

单超、左悺知道桓帝势单力弱，而且性格中也缺乏杀伐果断的勇气，不由担心汉桓帝迟疑不决，会延误了大事。汉桓帝见此，忙果断地说："奸佞梁冀早该服罪，有什么可迟疑的？"当即，命属下将徐璜、具瑗招来，五个人共同策划，结为同盟，汉桓帝还咬单超胳膊出血为誓。单超嘱咐汉桓帝："今大计已定，陛下不要多言，以免被人怀疑！"

汉桓帝的除奸谋划尽管很秘密，甚至都将初次谋划的地点放在了厕所之中，本以为会万无一失的。可惜，他们还是低估了梁冀的实力。梁氏一族，能够执掌大汉江山几十载，光靠嚣张跋扈是万万难以做成此等大事的。单超等人虽然是一介宦官，但是久居宫廷，对于梁冀的用心，自然看得真切，知道这件事情一旦有半点失误，便会万劫不复，于是先下手为强，以"辄从外人，欲图不轨"的罪名，将张恽抓了起来。

桓帝也意识到，梁冀已经对自己的所作所为有所警觉，急忙到前殿，召集各省尚书议事，以张恽之事为借口命尚书尹勋召集尚书台官吏武装起来，守卫中枢机构，这样，就能防止梁冀狗急跳墙，激起兵变。与此同时，又派宦官首领黄门令县瑗统领皇宫禁军千余人与司隶校尉张彪包围了梁冀的住宅。梁冀万万没有料到，此番桓帝竟然真的动手了，前面自己不是没有发觉他的一些小动作，但梁冀以为，只要自己军权在手，皇帝就不敢妄动。还未等梁冀缓过神来，桓帝便派光

171

禄勋袁盱收缴了梁冀的大将军印绶。

梁冀知晓，此番是人心所向、大势所趋，自己万难挽回必败之局了。不久，他便在战战兢兢中自杀，其妻孙寿也一同自尽。接着，桓帝又"悉收梁氏、孙氏中外宗亲送诏狱，皆弃市"，其他与梁冀交厚的公卿将校被处死的有数十人，其故吏、宾客被免官的有三百余人，一时间，"朝廷为空"。据传，梁冀的家产被没收，拍卖后得钱三十多亿钱，真可谓是富可敌国。

桓帝在这件事上，充分利用了天时地利人和等各种有利条件，蓄谋已久，一触即发，挥手之间，便一举定下江山。由此而观之，桓帝并不是一个昏聩无救之人，只可惜，他所处的那个时代，注定东汉日益衰败。除非能够遇到如汉武大帝一般的雄才大略之主，否则，汉朝垂暮之气日渐浓郁，万难力挽狂澜。

水火不容的士大夫与宦官

在诛除梁冀之后,桓帝为收揽人心,第一件事不是改变梁冀执政之时的诸多弊病,而是论功行赏。单超、徐璜、具瑗、左悺、唐衡五人均被封为县侯,世称"五侯",其中单超功劳最大,食邑两万户,后又被封为车骑将军,其他四人各食邑一万户。中常侍侯览呈上五千匹缣,桓帝赐封其为关内侯,不久又晋封其为高乡侯。就连小黄门刘普、越忠等八人都被封为乡侯。从此以后,东汉政权又从外戚手中转到宦官手中。宦官在心理上本就异于常人,此番夺取大权,还不如梁氏掌权之时。他们一心为了满足自己,无恶不作、任意妄为,搞得天下大乱、民怨沸腾。

延熹三年(公元160年)单超死时,桓帝赐以东园棺木以及棺中玉器,出殡时调动五营骑士、将作大匠建造坟墓。此时的桓帝,在亲政掌权之后,其懦弱性格日益显现出来,并在宦官的制约下,变得不明是非、暴虐无能。徐璜的侄子徐宣,在担任下邳令之时,暴虐无道、鱼肉乡里。他不仅不将天下百姓放在眼里,即使是汝南太守李皓,也被他视如草芥。他曾经强制要求娶李皓的女儿,遭到严词拒绝之后,便带领士兵将其女儿抓了过来,百般羞辱之后将其射杀。李皓知道了这件事情,也只能徒呼奈何。直到东海相黄浮知道此事,便下令抓了徐宣一家,将其处死,以正律法。宦官徐璜为报仇便纠集了一干宦官，在桓帝耳边大肆进谗言，桓帝当即大怒，不问因由便诏令治狱，将东海相黄浮判了髡钳重刑，谪入左校做苦工。

其实，皇帝之所以会变得如此不堪，是有深刻的原因的。一方面，这些宦官都为桓帝亲政立下了汗马功劳，皇帝执掌大权，当然不能忘恩负义。另一方面，则是皇帝在此时已经是孤家寡人一个，身边没有任何可堪大任的人才可用，只能仰仗宦官。最后，则是因为桓帝在夺权成功之后，宦官为了博取他的欢心，想尽各种办法，可谓煞费苦心。时间一久，桓帝便沉溺于享乐，逐渐荒废了国家大事。这就引起了新兴士大夫势力的不满。而在天下寻常百姓眼中，更多的人是选择支持士大夫的，然而，他们毕竟和宦官的根深蒂固不一样，在实力上远远比不上宦官。两派在根本利益上的不同，注定会演变成一场轰轰烈烈的冲突。

这一天终于来临，事情的起源还需要从汉桓帝延熹九年（公元166年）说起。对于宦官乱政、为非作歹，无论是居庙堂之高还是处江湖之远，人人莫不怨声载道。而正在此时，宦官赵津、侯览等党羽与张泛、徐宣等人借着桓帝下诏书大赦天下之际，加速自己的不法行动，这样一来，自己便可以明目张胆地胡作非为，即使被抓住，也可以在大赦之时免于惩罚。而在此之前，由于宦官屡进谗言，桓帝又对其信任不已，朝中大臣大多被压制。士族官员成瑨、翟超、刘质、黄浮等早就看不惯宦官的言行，当此之时，虽然势单力孤，却依然不畏权贵，在大赦以后按律处置了这些人。宦官等人向桓帝进言，说成瑨等人纠结在一起，毁谤朝廷，危害社稷。桓帝听信一面之词，重处了这些官员。宦官见有机可乘，遂借机对朝中不满他们的臣属进行打击。

一时之间，朝廷之上可谓风声鹤唳，人人自危，为了维持局势的稳定，为平白无故蒙受冤屈的官员平反，太尉陈蕃、司空刘茂二人一起站了出来。他二人位极人臣，朝中士人皆是唯他们马首是瞻。针对当前宦官乱政、桓帝被蒙蔽的事实，太尉陈蕃、司空刘茂与其他士族官吏进行了严密的商议。可惜还是走漏了风声，被宦官们提前察觉，向桓帝告发说，士大夫群集，欲对桓帝的执政现状进行诽谤。果然，第二天，太尉陈蕃、司空刘茂二人便在大殿之上一起向皇帝进谏。桓帝一听，顿时心中不悦，要不是这二人都是朝中重臣，这么多年以来对汉朝也算得忠诚可嘉，桓帝几乎就要当场发作。刘茂见状，其胆小谨慎的性格便迅速占据了上风，原来商议好二人同时上书的事情，也只能半途作废。遂剩下陈蕃一人独自上书，为遭受陷害的官员辩解，要求桓帝"割塞近习与政之源"，清除宦官乱政的不正之风。桓帝闻言，果然和昨天中常侍等人所说的一样，他们欲要结党营私，打击忠心于自己的宦官们。只是这陈蕃树大根深，一时之间还不好对付，桓帝便决定不理他，而宦官等人则因此更加嫉恨士大夫们，虽不敢加害名臣陈蕃，但对其他人则大加报复。

虽然朝中大臣、地方官员以及民间百姓大多站在士人一边，纷纷指责宦官乱政，为非作歹，排斥忠良。可惜毕竟相信宦官的是皇帝，刘志一声令下，天下莫敢不从，结果这些站在士族一方的官员被纷纷免官，成瑨、刘质等最终在狱中被害，岑晊、张牧等人逃亡得免。此时的河南尹李膺，对于朝局变动的情况也时刻关注着。之前宦官党羽张成之子因为宦官的庇护，在大赦之前公然了结私人仇怨，杀害了一人。李膺负责查办此事。宦官阉党见桓帝即将大赦，对此事也没有放在心上。哪知道李膺在大赦期间，对于张成之子的罪行压下不审，专门等到大赦过后，再行定罪，以排解自己心中的愤懑，将宦官及其党羽绳之以法。不久，按照当朝律例，李膺处死了张成之子。张成闻讯，心中大痛，心想：此仇不报枉为人，便连夜向宦官禀明此事，要求他们念在自己忠心不贰的分上，为其亡故之子报仇雪恨。宦官对于李膺处处与他们作对之事，早就心怀不满，欲要施以惩戒。于是，宦官一党遂让张成弟子牢修上书，诬陷李膺等人养太学游士，交结诸郡生徒，结党营私，诽讪朝廷，扰乱民众。从此，士大夫与宦官间的矛盾就此爆发。

桓帝闻言，当即大怒，遂诏告天下，逮捕并审理党人。御史中丞陈翔、太仆卿杜密等重臣及陈寔、范滂等士人皆被通缉。太尉陈蕃知道这是宦官之奸计，遂以"罪名不章"为由拒绝发布署诏书。宦官见桓帝颁布的诏书，因为没有太尉的批准无法生效，便向桓帝进言，跳过司法程序，直接让宦官负责的北寺狱审理此案。李膺、陈寔、范滂等人慨然赴狱，受三木酷刑（他们的头颈、手、脚都被上了刑具，叫作"三木"，然后被蒙住头一个个拷打），在狱中关押了一年多而不改其辞。

司隶校尉李膺等二百余人受诬为党人，一并犯罪被监禁，这些人大多是天下名士，是民间所认同的"贤人"。度辽将军皇甫规以没有名列"党人"而被捕为耻，上书"臣宜坐之"，要求桓帝连自己一块儿治罪。桓帝没有理他。陈蕃再度上书，以夏商周三代之事劝谏，言辞激切，桓帝嫌他多嘴，以陈蕃提拔的人才不好的罪名免去了他的太尉一职，改以光禄勋周景为太尉。司空刘茂深谙"皮之不存，毛将焉附"的道理，也连同一批士人，向皇帝进言，请求赦免士人官吏的罪责，可惜桓帝此时已经彻底被宦官所迷惑，大权也大多掌握在宦官的手中，不久，司空刘茂便以协同之罪被罢免，改以光禄勋宣酆为司空。

后来桓帝的皇后窦皇后的父亲槐里侯窦武同情士人，上书求情。

桓帝闻言，心中暗想，此事大可就此为止了，因为朝中反对宦官的大臣几乎全部遭到打压，物极必反，没有必要激起他们全部的变动。而宦官虽然好用，但如果权力太大，则非社稷之福。

永康元年（公元167年）六月庚申日，桓帝颁布诏书，大赦天下，全部免除党锢的罪。

第九章

灵帝无道,汉室衰微

短暂的外戚统治

永康元年（公元167年），桓帝病逝，窦妙以太后身份临朝听政。窦太后执掌朝中大权之后，急忙效法前朝窦宪兄妹，以及邓氏一族的做法，大肆封赏自己的族人。她封父亲窦武为闻喜侯、弟弟窦机为渭阳侯、堂兄窦绍为鄠侯、窦靖为西乡侯。窦氏一家权倾内外，皇权再次回到外戚手中。

古来女子称帝者，只有武则天一人。窦太后要执掌江山，光靠自己一族是不行的，还需要学习前朝梁太后、邓太后等人，找一个幼子称帝，自己好从后面操纵。这是务实不务虚的做法。因桓帝无子，便需要从刘氏宗族之中寻找一个合适的人选，来充当这个傀儡皇帝。桓帝死后，窦妙急召父亲窦武进宫协商，经侍御史推荐，选中了汉章帝的哥哥河间王刘开的曾孙，汉桓帝的堂侄，年方十二岁的解渎亭侯刘宏为太子，继承皇位。

窦氏一门中，窦武素来有被封侯拜将的才德，因此，其见识也远超窦氏一族中的其他人。他认识到，当前朝局不稳，朝中大权很多掌握在宦官的手中，这极大地限制了窦氏一门的发展。眼下汉廷刚刚经历"党锢之祸"，党人虽然遭受打压，但是却赢得了广大百姓的支持。窦氏一门自从窦宪兄妹之后，便日益衰微，近些年才逐渐兴起，但是要对付宦官，在力量上还是略显不足。所谓杀敌一千，自损八百，即使成功地诛除阉党，也势必会落得个两败俱伤的结局。

于是，党人便成了窦氏打击宦官的首要拉拢势力。在窦武的推动下，窦太后再次起用陈蕃为太尉，同时找回李膺、杜密等有名党人，参与朝政。然而窦太后人处深宫，被势力强大的宦官所包围，宦官们整日甜言蜜语，窦妙一介女流，在政治上还显得十分生涩，因而在不知不觉之间，就被宦官哄得晕头转向，视他们为心腹，经常受他们的影响而改变主张、对此窦武和陈蕃等人都很担心：照此下去，太后没了是非之心不说，还会严重削弱外戚和士大夫的权威。于是，窦武便生出剪除宦官之意，但窦太后却因为不相信宦官的危害而迟迟不能下定决心。

迟则生变，窦武和陈蕃深刻地明白这个道理。这日，窦武和陈蕃秘密进入皇宫内部，晋见窦太后。其实窦太后早就知道他们会来，也知晓他们来到其寝宫的目的。窦妙觉得，自己不能见他们，否则他们又会提起扫除宦官这件事情。宦官他们一个个对自己忠心耿耿，对皇朝事物更是尽心尽力，杀之不忍，害之不仁。索性自己不见窦武和陈蕃，将这件事情拖着，或许不久以后，他们就会明白自己的苦心，了解宦官的忠诚。

此时太后掌权，便和皇帝一样居住在北宫之内。窦武和陈蕃到达北宫，忙令太监通传，说有重要事情禀报太后。哪知这太监在通传这件事情之前，竟然事先向宦官侯览、曹节、王甫等人报告。侯览遂命人严密监视窦太后等人。

闻知窦太后竟然避而不见，不禁让侯览等人不明所以。窦武等人遂跪在宫外，声言如若太后一直拒而不见，他们就一直跪着。太后眼见自己的策略竟然不见效，只能宣他们进殿来，显然这时太后已经在某种程度上，被他们的胡搅蛮缠弄生气了。窦武一见太后，忙向她哭诉道："大汉将亡了，吾等危险了。"太后闻言，忙将窦武扶起来，诘问他何故如此危言耸听。窦武忙向太后说道："如今朝廷之中，主要有三种势力，一则是朝廷百官，二则是我等外戚，三则是宦官阉党，前两种都是匡扶社稷、维持江山的有力力量，但最后一种则极大地威胁了皇朝的统治，他们整日无所事事，只想着如何牟取私人的利益，如何谋害正义的力量，多少仁人志士被他们构陷。太后如果不想重蹈覆辙，就必须要汲取前人的教训，迅速诛除这群势力，维持我们的长久统治。"

太后闻言，心中暗道：果然不出我所料。当下，万万不能如他们所愿，一来是那些宦官极力支持自己做了皇后，如今又成为太后，临朝听政，杀了他们，不就是恩将仇报吗？二来他们如今个个对自己忠心不贰，而这群士大夫最喜欢搬弄是非，如果诛除了宦官，将来皇帝长大成人，他们独大，要自己交出权力，又拿什么去制约他们呢？当务之急，就是先稳住他们，再想办法化解此事。

心中计定，太后便让窦武和陈蕃先回去，此事自己定有妥善的解决办法，要他们不要急于一时。

但她没有料到，这话传到宦官的耳中，便不是太后的本意了。他们以为，定然是太后限于自己权力未稳固，待得江山一定，便是"飞鸟尽，良弓藏，狡兔死，走狗烹"。宦官头领曹节有鉴于此，向大家建议道："先下手为强，后下手遭殃。"

这年九月，宦官侯览、曹节、王甫等人把灵帝骗出来开路，掌握了宫廷禁卫军，封锁了各个宫门，也就间接地控制了皇宫禁苑。随即，他们带领一队禁军，以皇帝的名义，闯进长乐宫，以武力逼迫窦太后交出了传国玉玺，并起草诏书调取了军队的符令节杖，以谋反罪名派军队逮捕围攻窦武、陈蕃。

窦武父子知晓大势已去，随即自杀；其家属流放日南比景。陈蕃门下数十人被杀，幸好陈藩德高望重，在朝野上下有很深的根基，便只是被贬官。窦太后虽然在开始之时，极力维护宦官，却没有求得他们的赦免，而被迫迁入南宫被幽禁，城门失火，殃及池鱼，凡是陈蕃、窦武举荐的，以及他们的门生、旧属，自公卿以下，一律免官，永不录用。至此，宦官们取得了决定性的胜利。他们操纵灵帝，封曹节为长乐卫尉、育阳侯，王甫为中常侍，其他朱瑀、共普、张亮等六名宦官为列侯，十一人为关内侯。

窦氏一门短暂的专权统治就这样结束，留下年幼无知的汉灵帝在那深宫内院之中，外戚和士大夫的势力都黯然收场，东汉政权正走向落幕之时。幽居南宫的窦太后，虽然已经失去父兄和权势，但她名义上仍然是灵帝的嫡母，宦官虽然掌握了灵帝，但却不能够妄自处置她，皇帝亦因为太后有援立的功劳，在建宁四年（公元171年）十月初一，率领群臣到南宫朝拜，亲自进献祝寿。此外，黄门令董萌因此多次为太后向皇帝诉说冤情，皇帝采纳他的建议，对太后的供养资财俸禄比以前更多了。然而此时的宦官，已经是无所不用其极了。中常侍曹节、王甫痛恨董萌依附帮助太后，就诬陷董萌诽谤灵帝之母，董萌因此获罪下狱而死。

窦武和陈藩的苦心经营，却坏在了这个无才无能、惑于群小的窦太后手中，窦太后亲手断送了自己和家人甚至是整个东汉的前途，深刻地感受到懊悔和痛苦，可惜为时已晚。

汉灵帝熹平元年（公元172年）六月，窦太后的母亲病故，伤心过度的窦太后不久病逝。她死后，掌权的宦官们仍不肯放过她，将其遗体送到城南的一个宅院里，不让她和桓帝合葬。兹事体大，灵帝犹豫不决，于是急忙召集朝会讨论此事。可惜，此时的朝堂之上，众宦官已然权势滔天，百官都不敢出声，唯恐招致杀身之祸。只有廷尉陈球顶住压力,挺身而出,指出"皇太后以盛德良家,母临天下,宜配先帝,是无所疑"。太尉李咸等人也和宦官赵忠、曹节、王甫等人展开了激烈的争论,最后终于让宦官们无言以对,使灵帝同意让窦太后以先帝嫡配的身份葬于宣陵,谥为"桓思皇后"。

宦官之乱

自桓帝刘志开始,宦官便积极参与皇朝大权的争夺,在这一过程中,宦官也以正式官员的身份而得以嚣张禁苑、跋扈朝野。此外,他们的亲友,也跟着鸡犬升天。这些新贵跟宦官一样,除了贪污和弄权外,什么本事也没有。外戚中还有很多制约,而宦官则限于皇宫内部,很少私自出宫,因而这些新贵比外戚和宦官当权所表现的还要恶劣。士大夫阶层因此受到更重大的伤害,限于自己的力量,只能暂时寻求与外戚的联合,把目标指向宦官。他们利用所能利用的政府权力,对宦官采取流血对抗。宦官自然予以同等强烈的反应,中国遂开始了第一次宦官时代:从公元159年十三个宦官封侯,到公元189年宦官全体被杀,共三十一年。

宦官跟士大夫间的斗争,血腥而惨烈。不过要特别注意的是,一则是宦官天生的生理缺陷,导致其心理上的不平衡;二则是在现实世界中,宦官本来就一直被士大夫和外戚压制着,在更多的场合,饱受着侮辱和欺凌,因而造成了他们内心极重的报复心理,一旦他们大权在握,便会肆无忌惮、不计后果地向对立阶级发动进攻。造成的后果,也必当是残酷而惨重的。

第一次党锢之祸之后,士大夫阶级受到了极大的打压,但也成就了很多人物。一时之间,贤士之名,名满天下,其中以李膺最具代表性。李膺被迫害之后，威信更高，被儒生誉为"八俊"之首。这无疑是对宦官集团的不满和蔑视。

及至灵帝即位，对宦官更加依赖。他曾指着两名恶名昭彰的宦官说："张让是我父，赵忠是我母。"小到日常政务，大到人事遴选，几乎全部委于自己宠幸的张让、赵忠等十人，人称"十常侍"。

这些宦官抓住了灵帝年幼无知、昏聩无能的契机，大献殷勤，将皇帝置于掌中。为了让身居内宫的灵帝能够玩乐高兴，宦官专门在外组织了一场"选美"活动，只不过这次选的不是美人，而是俊美的驴子。最终有四匹驴子得以进入皇宫大内，成为皇帝的玩乐之物。灵帝从小金玉之身，十二岁之后又被送到皇宫，哪里有机会能够见到一头驴子，因而一见之下，如见天上神物，喜不自胜、爱若至宝。随即宦官又为皇帝招来一架驴车，供其玩乐。起初还有驾车之人，后来灵帝失去兴趣，便自己来驾车。这件事情不知不觉便传到民间，京城许多达官贵人闻问，不但没有引起他们的醒觉，反而争相效仿，以为时尚，一时驴子成为民间最为炙手可热之物，价格陡涨。

灵帝毕竟只是一个少年，许多事情也只不过出于好奇之心。然而宦官如此，则是放纵灵帝成为一个昏庸无能之人。灵帝自然没有任何觉察。不久，灵帝便失去了驾驶驴车的兴趣，宦官见此，灵机一动，忙找来一只狗，给它戴上贤冠、穿朝服、佩绶带，让它大摇大摆地上了朝。待灵帝认出乃一狗时，不禁拍掌大笑，赞道："好一个狗官。"古语有云："士可杀不可辱！"言者无意，听者有心，这不是变着方法辱骂群臣百官吗？然而宦官专权，皇帝尚且不过是他们手中一个傀儡，虽然大多数人不堪忍受此等奇耻大辱，却只能心中怨愤，敢怒不敢言。

无独有偶，在朝堂之上，宦官胡作非为；在地方郡县，宦官及其家人更是无法无天。宦官侯览此时已经是位居高官，但他却并不满足。当他回到自己的家乡之时，大肆地侵占百姓的土地，用以修建亭台楼阁，供个人享受。百姓不满其作为，便向县官告发了这件事情。县官见侯览势大，不但不为民申冤，反而将之告诉了侯览。侯览知晓了这件事情，亦没有丝毫收敛，反而变本加厉，将被侵占了田地的百姓都赶出了自己居住的地方，并扬言如果敢回来，便以乱党论处。一时之间，许多百姓流离失所，一片天怒人怨。

此事恰巧被督邮张俭发现，张俭为人正直，为官清廉，最恨宦官乱权、残害百姓，遂上书弹劾，要求灵帝惩办侯览。此时此刻，灵帝正在恣意纵乐，刑罚行政皆掌握在宦官的手中。此书还没到灵帝手中，便被侯览扣下，并指使人诬告张俭联络党人，图谋不轨。在宦官的授意下，灵帝下令讨捕张俭等人，宦官曹节趁机奏捕李膺、范滂等人，说他们蛇鼠一窝、结党营私，意图谋害皇帝，攫取军政大权。皇帝闻言，当即大怒，派遣禁军连夜封锁城门，同时遣人前去抓捕李膺等人。可叹李膺他们还没有任何觉察，便身陷狱中。负责刑狱的太尉一职此刻也是形同虚设，皇帝直接下令，将抓捕起来的六七百人要么流放，要么关押狱中。不久，曹节等人又向灵帝进献谗言，说在洛阳城中，士大夫一党还培植了很大一股潜在的势力，只要时机成熟，他们就能身居高官，把持朝政，这股势力就是太学学生。他们门阀观念极重，对自己的恩师可谓言听计从，如李膺、范滂等辈，在太学之中皆是威信很大，党羽众多。

门第形成之后，行业之间的跨越就变成单向性的，即一个士大夫可能被贬谪而成为一个手工业者，但是一个农民是不可能跃上枝头，麻雀变凤凰的。一个士大夫的门第，以其家族中做官人数的多寡和官位的大小，作为高低的标准。像杨震，四代中出了三个宰相（四世三公）。这种门第，受到社会普遍的羡慕和崇敬。

门阀观念从当时就一直延续，它强固地维持士大夫阶层千年不坠，直到二十世纪初期的晚清政府，门阀都在中国历史上发生普遍的影响。汉桓帝即位之后，政治虽然腐败，但首都洛阳的太学学生，却反而增加，老一代的士大夫需要训练下一代的士大夫，既为了江山社稷的稳定，也为了培植自己的势力，所以积极支持太学的扩充。到汉桓帝统治中期之时，太学生已多达三万余人。这些太学学生，在学业完成之后，大多会成为汉朝未来的官员，因而为了谋求升迁之道，寻求治国经验，他们不可避免地会跟政府中已成为士大夫的现任官员们交往密切。谈论儒家学派的典籍是其必不可少的内容，但天下兴亡，匹夫有责，在有心和无意之间，他们也必定会谈论到现实政治。好像新闻记者或政治评论家，他们对人物的赞扬或抨击，形成一种有影响力的舆论，在很多情况下可以左右朝局的变动和国家形式的发展。

恰在此时，太学之中有人见李膺、范滂被捕，义愤之下，出言诽谤，写诗赋讽刺宦官朝政。正好为宦官打击太学学生提供了理由。在宦官的蛊惑下，灵帝下令拘捕了太学生一千多人。熹平六年（公元177年），永昌太守曹鸾见宦官如此作为，朝中大臣大多受到打压，整个汉室几乎无人可用，遂上书要求赦免党人。灵帝没有多少主见，便叫来宦官参详，宦官认为这是替党人翻案，言辞直指皇朝大计。如果翻案成功，天下人便会说皇帝冤枉忠臣，不辨是非，支持灵帝的宦官也会遭受致命打击。灵帝闻言，觉得很有道理，他虽然比较同情士大夫，但当危及自己的安危之时，也只能暂时将事情压下。可他没有料到，宦官们竟然将曹鸾活活打死，然后又下令禁锢党人，株连亲属，把对党人的迫害活动推向了高潮。经过这场浩劫，天下儒生几乎被一网打尽。

应该说，这次天下儒生与宦官夺权的斗争，如果能够取得成功，或许能够成为汉朝重新崛起的一次契机。可惜，最终还是以失败告终。究其原因，主要是因为党人对宦官势力的错误估计，因而没有在最恰当的时机，给予他们最致命的打击。此外，他们没有意识到，宦官力量的基础全部寄托在皇帝的喜怒上,因而并不稳固。如果士大夫阶层稍为讲究一下方法,那么矫正宦官政治的弊端,会变得非常容易。可是士大夫领袖人物,所凭恃的却只是道德上的义愤填膺,所以终于酿成了党锢之祸,而整个局势也糜烂下去。

卖官鬻爵只求财

自熹平七年（公元178年）以后，文武官员体制已然发生了巨大的变化，高官显位并不是凭借个人名望、孝顺廉洁、功勋才德获得，而是有钱者居之。

其实，卖官的根源要追溯到七十年以前。那时天下时常出现捉摸不定的灾难，习惯上需要免去三公的官职，当时一旦出现不能解释的事情，人们就会揣测是国家出现了某些疏漏，所以上天降下惩罚。而皇帝作为天下之主，当然应该就上天的惩罚承担责任，而国不可一日无君，被逼无奈之下，只能将罪责移到三公的身上。因而三公的任职期限便难以预料。其职能和政治现实便在不知不觉之中被分开了，其权力受到极大的削弱，但是皇帝却并没有集权于身，所以这些被削弱的权力就在无形之中转移到其他政府机构了。最初，尚书台的权力得到加强，自窦武之后，这些权力便转移到宦官的身上去了。

汉灵帝之时，虽然国家衰微，但是外患不是很多，少有的几次边境战事也在不知不觉之间被平定。因而国家消耗并不是很大。

过去汉朝也有过卖官易爵的事情，但都是为了解决巨大的财政困难，而且都是在有限的规模和很低的官职上。但如今，汉灵帝公然承认，只是出于满足自己、太后以及几个宦官的贪欲，便大肆出卖国家的最高官职。公元178年，三公成为炙手可热的商品用于交换，如果是因为三公的权力被严重削弱而使得出售官职成为可能，那么最高决策层的贪污腐化则是卖官鬻爵的根源诱惑所在。

买卖官职之举是在大汉宫城之中一个叫西苑的地方组织进行的。三公之位价值一千万，九卿之位价值五百万，这些都是虚职，不能有效地搜刮民脂民膏，因而很多人宁愿去买一个郡守。当时汉朝有一百多个郡县，一个郡守职位，可以卖得两千万。曾经的举孝廉制度依然有效，只需缴纳五成的买官费就可以获取相应职位。崔烈曾在中平二年（公元185年）用仅仅五百万就获取了司徒之职，让皇帝懊悔不已。为了获取更多的钱财，公元187年，灵帝决定，出售关内侯以获取钱财。

皇帝卖官鬻爵，只为满足个人私欲，可见当时汉灵帝的昏庸到了何种程度。当然，除了搜刮钱财之外，卖官之举也有其更为深刻的原因，一则是从建宁二年（公元169年）开始到光和七年（公元184年）结束的两次党锢之祸。天下贤明的儒生都被害了个遍，因而造成职位上的严重空缺。二则是回避制度上的限制，当时一个官员是不允许在其出生的郡县任职的，即使在其妻子出生的郡县任职也不被允许，导致官员空缺越来越大。最终，皇帝用来满足酒池肉林、情趣之事的"鸿都门学"学生便成了皇帝选拔官员的直接来源。在这种风气的治理下，汉朝灭亡的日子就要来临了。

汉末的农民起义

由张角领导的黄巾起义，是中国历史上最伟大的农民起义之一，他主要借助了两大宗教力量的影响，一是佛教，二是道教。

前文提到，佛教于汉明帝时期传入中国，主要得益于张骞通西域之后，丝绸之路的畅通，东西方文化得以在这条路上长久地交流。佛教便在此后不久，从西域传入东土大汉。东汉王朝第二任皇帝刘庄曾梦见一个金人。有学问的大臣就告诉他，金人是西域一个被称为"佛"的神祇。刘庄随即派遣官员蔡愔及秦景等人去西域求佛，那时还没有人知道西域的佛是由天竺（印度）传入的。蔡愔于公元65年出发，两年后返国，随同他来的有两位外国籍的高僧摄摩腾和竺法兰以及白马驮着的佛教经典。刘庄特地在首都洛阳东郊建造一座白马寺，招待这两位高僧并安置经典。佛教自此被统治者承认，成为东汉统治天下的另一重要工具。

不过事实上，白马到洛阳时，佛教已经在民间大大地流行，亲王刘英，即刘庄的弟弟就以信奉佛教而闻名，举国皆知其修身养性的佛家宗旨。

道教是传统的中国宗教，其具体的诞生或者出现日期，现在已经无证可考。只知道道教跟道家学派有密切关系。道家学派中有一部分人士转变为"阴阳家"，介乎学派与宗教之间。这种以炼丹炼金求长生不死药的高级巫师，被称为"方士"，深受历代帝王的欢迎。以后方士中又有一部分转变为念咒画符的人物，道教遂在不知不觉中形成。汉顺帝时，方士中一位大家张道陵集神秘之大成，在四川鹤鸣山修炼。山不在高，有仙则名，是说有了名士才让山成为名山。张道陵则是运用了名山让自己重新显示出神秘莫测、道法高深的模样，不时用符咒为人治病祈祷。说也奇怪，很多时候他的这些方法都能奏效，因而使得民间大众云集响应，赢粮而影从，逐渐形成一股势力，历史上称之为"太平道"。追随他的门徒，都要奉献五斗米，所以也称"五斗米道"。张道陵死后，儿子张衡继承。张衡死后，儿子张鲁继承。张鲁时已到汉灵帝统治时期，各地混战不休，朝廷昏聩无能，大汉摇摇欲坠，政府欲借助其拥有的群众力量，便委派他当汉中（陕西汉中）郡长（太守）。此时尚没有"道教"这一说，直到三百年后（公元5世纪），名道士寇谦之出世，才确定"道教"名称。

汉朝对羌人的战争从汉明帝时期到汉灵帝之时，一直没有断绝。虽然羌人之乱在公元169年被全部扑灭，但是也留下了巨大的祸患。没有被战争直接波及的中原地区，因军需万急，导致黎民百姓不堪忍受沉重的徭役负担。在苛捐杂税和官员贪暴以及地主剥削的重重迫害之下，大量农民被迫开始逃亡甚至发生民变。逃亡和民变又引起因劳力缺乏而产生的水灾旱灾蝗灾。水灾蝗灾又引起农村破产。这一系列事件逐渐构成一个恶性循环，整个汉朝的根基岌岌可危。而此时的朝野上下，宦官跟士大夫正斗争得如火如荼，没有人关心那些在死亡线上挣扎的农民。农民为了生存，遂逐渐集结在一个标志"黄巾"之下，希望自己决定自己的命运，能够饥饿之时有饭可吃，寒冷之时有衣可穿，风雨交加之时有一栖身之地。眼看这么基本而质朴的愿望却在汉室昏聩的统治之中逐渐化为梦幻泡影，农民遂投身到轰轰烈烈的反汉起义之中。在黄巾标志下，张角在他的家乡巨鹿（今河北宁晋），供符咒传教。十余年后，张角的门徒达到数十万人。"苍天已死，黄天当立，岁在甲子，天下大吉。"这是张角的起义口号。黄巾势大，不少宦官认为东汉政府已无前途，纷纷投诚张角，约定黄巾军到达京师之时，便打开城门，迎接张角入朝。可是如此庞大的组织中不可避免地会有内奸或变节分子，再严密的城墙也会有透风的地方。另一位门徒唐周，因为得不到张角的器重，又害怕起义失败而招致杀身之祸，便向东汉政府告密。

宦官们听闻此事，当即行动起来，就在光和七年（公元184年）正月，马元义被捕，被施以最残忍的车裂酷刑处死。根据口供的牵引，朝廷辗转杀了一千多人，并通缉张角。张角仓促间下令起兵，一夜之间，百万以上的农民，掀起暴动。他们用黄巾裹头，以分别敌友。可惜他们没有料到，这次出现的剿灭自己的汉军，并不像这个政府一样，满是沧桑，反而个个英勇善战，以一敌十。也难怪，公元184年距羌战平息，仅十五年。东汉政府用以讨伐羌部落的军队，恰好用以讨伐黄巾军。那些凉州（河西走廊）部队在血腥中成长，强悍善战，特别是经过与马背上的民族羌人的战争，不仅余下来的军队人人擅长骑射马战，更有大批的羌人投入到汉军之中，为汉军的强大注入了极强的生机。没有经过训练的农民们，面对这群虎狼之师，虽然有刀枪剑戟在手，却和手无寸铁没有任何两样，坚持不久便兵败如山倒。而正在此时，张角因为其最为钟爱的弟子马元义的被杀，而伤心不已，大病之下溘然长逝。失去领导中心的黄巾军很快就被汉军瓦解。于是这一历史性的农民暴动，只坚持了十一个月，就被分别击溃。然而，这个世界却再也不能恢复原状了。汉政权的权威遭到了严重的挑战；汉帝国的统治阶级腐朽不堪，以致没有任何途径可以解救他们；汉朝的一些官职制度也都遭受了毁灭性的变迁。从此，虽然有人力图改良，但都逃不过最终的一个结果：推翻汉朝，改朝换代。

特别是此时的凉州部队，在剿灭黄巾起义的过程中，将势力从西凉边境延伸到中原腹地。汉政府碌碌无为，汉军队不值一哂，使得西凉军将领开始轻视朝廷，当朝廷征召他们到洛阳担任宫廷少府时，大将之一的董卓竟然拒不接印，唯恐放弃西凉军权，此后便会垂垂等死。偏偏又遇到两个愚蠢至极的官员何进与袁绍，想利用他来胁迫何太后，从而维持汉室的统治。此种驱狼搏虎的做法，无疑是在引火自焚。公元189年，当洛阳追兵在黄河南岸小平津从宦官手中救出刘协时，董卓率领大军，适时地赶到。刘协就在凉州兵团的护驾下，返回首都洛阳，是为汉献帝，从此开始了他极富传奇色彩又悲剧感十足的一生。

第十章

东汉覆灭

末世的东汉后宫

汉灵帝一生,不得不让人想起昏庸无道四字。特别在对待后宫男女之事上,更是古今难寻,堪称一绝。就连母仪天下的宋皇后也因姿色平庸,招致皇帝不喜。宦官谗言一进,便马上立竿见影,皇后被冷落,遭废黜,杀身殒命,其家族也凄凉收场。

其实,在宋皇后举家灭族之后,汉灵帝心中还是充满歉疚的。可是事已至此,懊悔也没有作用了。心中所念,梦中所现,不久,汉灵帝竟然梦到了先帝汉桓帝。桓帝在梦中就宋皇后遇害之事,愤怒地对灵帝说:"宋皇后有什么罪过,而你却听信重用邪孽之徒,让他们断送了她的性命?勃海王刘悝既然已经自行贬降,却又受诛杀。今日宋氏和刘悝到天上自诉冤屈,上天动怒,你罪责难逃。"

梦中桓帝的一言一行、一颦一怒,都恍如真实地发生在眼前,灵帝闻言,顿时冷汗直冒,惊醒过后依然十分恐惧。他以此事向羽林左监许永询问说:"此梦有什么征兆?吉祥不吉祥?可以消除不祥吗?"

这许永虽不是皇后心腹,但是皇后在位之时,对其优待有加,自己曾经犯过几次错误,都被其大度赦免,因而对于皇后被废、宋氏遭难,许永心中是十分同情的。见皇帝依此事问询于他,许永觉得,也许这是一个机会,可以借助其梦境来肃清现实的浑浊,自己人微言轻,也算是尽力为宋皇后洗掉冤屈,还了当初宋皇后的容人之恩。计较一番之后，许永诚恳地说，宋皇后母仪天下，万民莫不蒙受其教化。从没有听说她有过错，可是她最终因为谗言被诛，累及亲族，普天之下，谁不为她惋惜痛心？

可是，这次许永的一片苦心，却要白费了。灵帝毫不犹豫地将其建议拒绝。

汉灵帝自认为自己是一个视天下女子为玩物的人，可是，他不知道，自己只是没有在对的时间遇见对的人。在一个正确的地方，那个正确的人出现了，她就是王美人。王美人是汉朝封国赵国的人，其祖父王苞，曾经担任过汉朝的五官中郎将。王美人的出现，是汉灵帝一生之中的一个转机，或许他会出于对她的宠爱，而改头换面，做一个勤政爱民的好皇帝。

王美人如一阵春风吹醒了大汉糜烂的宫廷，其绝世的容颜、高尚的德操、贤良淑德的大家闺秀之风、满腹经纶的才学之气，在一刹那间就征服了汉灵帝。汉灵帝虽然滥情，但对王美人却甚为宠爱，兼且每日能够与王美人吟诗作画，好一片诗情画意。在王美人的劝导下，灵帝甚至决意好生治理天下。

可惜，王美人没有遇到正确的时机。

好景不长，熹平五年（公元176年），嫔妃何氏率先为灵帝刘宏诞下龙子，随即便被封为贵人。在何氏的打理下，她与宦官逐渐走到一起，以便更好地控制灵帝。果然，光和三年（公元180年），宦官集体向皇帝上书，要求他册封何氏为后。灵帝心中其实早就拟定了皇后人选，那就是王美人。奈何她一直没能诞下皇子，立她为后名不正言不顺，群臣百官都不会答应。此刻宦官掌权，灵帝也只能被迫册立何氏为后。

何氏是东汉皇后之中唯一的非贵族，以前其家族也名不见经传。

其实，何氏之父本是一介屠夫，因而作为屠夫之女的何氏，出身十分低微，本来并无应选后宫宫女的资格，可是其父何真为了改变现状,把心一横,将自己一生的大半积蓄拿出,贿赂负责诏选天下女子的官员,结果何氏得以进宫。当然,何氏能够在后宫之中过得风生水起,不仅是因为其狠辣谨慎的性格,还因为她具有一副绝好的容颜。灵帝一生别无所求,只想将天下美人置于自己的深宫禁苑之内,一见如此美艳动人的何氏,自是宠爱有加,加上她又为灵帝诞下皇子,顺势便成为贵人。此前灵帝虽曾得数名皇子,可是都先后夭折,因为怕皇子早逝,便把他寄养于道士家。此后,何氏延续了和宦官交好,大力打击宫内嫔妃的策略,很快就做了皇后。一人得道,鸡犬升天,何氏为后,连带其屠夫之父也获封午阳逯得侯。其兄弟何进本来只是一个市井流氓,整日无所事事,随着其妹何氏母仪天下,他也顺利地获取了不小的官职。

当此之时,汉灵帝最为宠爱的王美人竟然也身怀数个月的身孕。为此,何氏整日忧心忡忡,担心一旦她诞下皇子,自己就不能再母凭子贵了。届时皇帝陛下废皇后、立储君还不是一道圣旨的事情。王美人亦不是易与之辈,她知道自己怀上皇子,已经招致皇后何氏的嫉恨,也许明天就会引来杀身灭族之祸。此前宫中已有先例,何氏性情倔强,为人多忌妒,后宫中无人不知、无人不晓,没有人不怕她。于是,王美人决意打掉自己肚中的孩子,可惜屡次都被宫人发现,报与皇帝阻止了自己。光和四年(公元181年)三月,在皇帝的护佑下,王美人顺利诞下皇子,他就是著名的刘协。此子生得小巧玲珑,如粉雕玉琢一般,惹得灵帝心怀大畅,对王美人更加宠幸。此时的王美人,可谓集万千宠爱于一身,眼见皇帝天天与自己厮磨在一起,王美人便以为,何氏难以找到机会陷害自己了。可惜她身为女人,却不明白最毒女人心。这年,趁着灵帝外出狩猎之机,何氏终于下定决心,快刀斩乱麻。灵帝一回到洛阳,便听太监来报,说王美人中毒而死。灵帝闻言,心神大震,急忙命人着手调查此事,很快,凶手便原形毕露,她就是何氏。

灵帝龙颜大怒，招来何氏，还没有问话就让宦官拟一诏书，废黜何皇后。灵帝哪里知道，早在他回来之前，何皇后早就打点好了一切，许宫中宦官以高官重利，要求他们帮助自己。钱权可通神，皇帝刚刚表达这一意图，宦官便一起反对此事，并向皇帝苦言相劝。灵帝也知道自己之所以能够如此享受，全部仰仗宦官们的支持，此刻他们权重，王美人也已经死去，一切都已经于事无补。于是，灵帝只能就此作罢，不惩治何皇后。

灵帝眼下唯一能够为王美人做的，就是尽力保护皇子刘协。于是，灵帝将其交给董太后抚养成人。此后，灵帝总是在过去王美人的寝宫之中徘徊，感伤怀念之情感动了许多人。回忆起从前二人诗赋唱和的情景，灵帝写了《追德赋》《令仪颂》，来追怀王美人的美德与善仪，情意缠绵，如泣如诉。

宫中巨变

汉灵帝末期，灵帝亦已深切地感受到时运不济，东汉政权已经岌岌可危。为了维持这样一个乱而不损的时局，他亲手组建了一个以"西园八校尉"为核心的卫戍部队，任命"壮健而有武略"的小黄门蹇硕为上军校尉，统帅这支部队。并且在弥留之际嘱托他的这位心腹拥立刘协为帝，一则是为了弥补自己对王美人香消玉殒的遗憾，二则是为了制衡外戚，防止其再度专权。

中平六年（公元189年），昏庸的汉灵帝在人民的一片怨声下结束了他的一生，终年三十四岁。死后谥号孝灵皇帝，葬于文陵。

蹇硕无愧于汉灵帝的重托，几次三番地发动对何皇后兄妹二人的进攻，可惜天不遂人愿。初时，汉灵帝的灵柩停放在殿中，蹇硕便命人在灵柩四周密布伏兵，等何进入殿拜奠时，就乘机动手将其杀死。然而，蹇硕计策竟然被属下出卖，被何皇后的哥哥何进知晓。何进闻知消息，立即进行部署，调集禁军甲士，封锁四方城门，同时通报何皇后。何太后位居正宫，调兵遣将就占有优势。而蹇硕不过是一个校尉，与手握重兵兼且得到各方拥戴的何氏兄妹相比，实在是实力微薄。何皇后马上下令，封锁禁宫，同时与何进一起拥兵入宫，升朝议政，宣布十四岁的皇长子刘辩为皇帝，史称汉少帝。何皇后以太后身份临朝，何进与太傅袁隗辅政，负责军国事务。

蹇硕见事情败露，却丝毫不灰心，誓死要完成先帝的遗愿。他认识到，当今皇宫之内，能够与何氏兄妹抗衡者，只有宦官。于是，他在仓促之间找来一些宦官，以完成先帝遗愿、诛灭乱臣贼子的名义，号召大家一起捕杀何进。他不知道，何氏兄妹能够有今天的成就，就是会笼络宦官的心。因此，宦官们为了自己的利益，将如此机密大事告诉了何进，何进命黄门令逮捕蹇硕并处死了他。

何进以皇帝舅舅资格辅政，地位立刻高过三公。为了维持政权的稳定，何氏兄妹不久又拉拢了"累世宠贵，海内所归"的袁绍、袁术，军权、声望都达到顶峰，权力日益膨胀。骠骑将军董重看着何进横行朝廷，心中十分不平。董太后眼看本来应该是自己独大的朝局，竟然被何氏兄妹夺取了，心中愤恨不已，于是发誓要除掉何氏外戚。可惜，何氏兄妹在董太后动杀机之前，就已经盯上了她，因为他们明白，要想寻求江山稳固，就必须要诛除惑乱的根源，即刘协。而刘协历来由董太后抚养看护，因而除掉董太后才是当务之急。先下手为强，董太后还没有反应过来，何皇后便与何进设毒计，除掉了董氏。

除掉董太后一族以及蹇硕之后，天下唯一可以威胁何氏兄妹外戚专权的就只有宦官了，此时何皇后已经成为了何太后，对宦官在宫中横行，也胸怀"过河拆桥"之心。只是眼下宦官权力还未有丝毫削弱，何太后便认为，不可以轻举妄动，以免打草惊蛇。而袁绍则不然，他代表的士大夫阶级，在经历党锢之祸之后，通过几十年的休养生息才略微恢复元气，此番有天赐良机，当然要和宦官阉党一决雌雄。眼见太后坚决不同意自己现在就诛除宦官的做法，袁绍只能跟外戚领袖大将军何进私下里结合，密谋铲除宦官。

一方面，袁绍建议招董卓入朝，以"清君侧"之名讨伐宦官，进而胁迫何太后。袁绍的建议遭到了曹操的反对，他说，对付宦官，一个法官就行了，这样引狼入室，恐非天下之福。然而，曹操的建议未被采纳。可惜事机不密，何进等人的密谋被宦官们知道了。于是宦官们悍然决定发动宫廷政变，把何进诱进皇宫砍头。

何进部曲将领吴臣、张章获悉何进被杀，急忙调集军队包围了皇宫。虎贲中郎将袁术也率兵攻打宫殿，放火烧了南宫九龙门及东西宫，逼迫宫中交人。袁绍遂率领禁卫军纵火焚烧宫门，攻入皇宫，对宦官进行灭绝性的屠杀，无论老幼，无论善恶。

当袁绍攻入皇宫时，宦官张让等人慌忙去见何太后，也没说何进已死，只说他谋反焚宫。何太后也惊慌失措，被张让、段珪等挟着，与少帝刘辩、陈留王刘协一起，从复道逃入北宫。这时，袁绍等也带人冲入宫中。他命令军士见宦官就杀，但却不见张让、段珪。原来，他们早劫迫少帝兄弟逃出皇宫，后来为卢植等人所迫，投入滚滚东去的黄河之中。

中国第一次宦官时代，到此结束。然而，东汉王朝也跟着走到了尽头。

挟天子以令诸侯

董卓进驻洛阳之后，军阀混战便从此不休不止，一发不可收拾。轰轰烈烈、涤荡心魄的三国时代就此拉开序幕。

董卓来到洛阳勤王，竟然给予了刘协一番际遇。刘协在少帝刘辩继位之后，被封为陈留王。刘协为董太后抚养长大，虽然年幼，但远比刘辩更聪明，更有气魄。董卓是董太后的同族，于是心中便产生了废掉刘辩，更立刘协的想法。他以迎少帝有功为由，扩大自己的势力，把持朝政。

中平六年（公平189年）九月初一，董卓率领公卿到崇德殿，强迫何太后诏策废除少帝，贬其为弘农王；立陈留王刘协为帝，是为汉献帝。

董卓一到洛阳，便用其凉州兵团马上把洛阳控制住。朝中原来那些分属于袁绍、曹操的禁卫军，常年养尊处优，面对能征善战的凉州军队，一个个噤若寒蝉。袁绍知道已无能为力，只能逃走到自己的属地冀州，积极发展军队势力。而曹操则潜伏在洛阳，密谋一个良机。终于，他以宦官之后，迅速接近了董卓，并和大臣王允合议，诛杀董卓。王允将自己家族的宝刀赐予曹操，只盼他能够手刃董贼。可惜，董卓一直有其义子吕布保护。人言，人中吕布、马中赤兔。要在当时勇武天下第一的吕布面前杀死董卓，定比登天还难。

这日，董卓召曹操入其寝宫，为了奖赏他积极地支持自己，便命令吕布前去马厩挑选一匹最好的战马给曹操。酒过三巡，董卓不胜酒力，便在曹操面前睡去，他哪里知道，这个他认为最忠心于自己的曹操，正欲谋害于他。可是，真的到了动手的时候，曹操却踌躇不定了。此番自己即使能够手刃董卓，也势必会招致更多的军阀来控制献帝，把持朝纲。但是如果不杀他，献帝就不能得到自由，汉室天下必将危亡，自己也会被千夫所指，永远不能出头。

曹操一代枭雄，此刻却陷入了两难之中。忽然，刀光一闪，董卓猛然惊醒："曹操，你欲何为？"曹操见事情败露，忙急中生智，借口向董卓进献宝刀。董卓一时没有怀疑，放过了曹操。曹操当即离开董卓，杀了城门守将飞离洛阳。待得董卓醒悟过来，已经为时晚矣。

曹操既走，董卓高兴地发现，他控制首都就等于控制皇帝，控制皇帝就等于控制全国。朝中士大夫也有反对他的人，但是每次都被他以铁血政策所化解。士大夫工于权谋，却也有一个致命的弱点，就是缺少杀伐果断的勇略。因此，董卓不久便稳定了洛阳局势，连位居三公的王允也噤若寒蝉，不敢直视其目。

董卓本来只是西凉部队的将领，统辖范围不过几十个郡县，现在成了全国主宰，便如那乞丐突然成了亿万富翁。太快的形势变化，使他把政治看得过于简单，认为现在什么都有了，只缺少威望，而建立最大威望的最大妙法，莫过于把旧皇帝废掉，另立一个新皇帝。正好刘协甚合董卓的心意，朝中士大夫大多数也比较支持刘协即位。于是，董卓强迫刘辩退位，另立刘辩九岁的弟弟刘协上台。第二年，更把刘辩和他的母亲何太后杀掉。

董卓以为，自此自己便可以坐享其成，挟天子而号令天下，一时之间，天下无人可以制衡他。对大臣，董卓随时会杀其身、灭其族；对于后宫嫔妃，董卓亦是天天毁其身、败其誉。他以为这样天下群臣百姓就会臣服在其淫威之下。可是董卓没有料到，蛮干不但不能建立威望，反而会引起强烈反感，等于把攻击自己的刀柄授给敌人。果然，正苦于没有借口的敌人有了借口，各地反对董卓的武力，共组成十八镇诸侯，在东方集结，推举"四世三公"、军力最强的袁绍当盟主，以江东孙坚为前锋，讨伐董卓。几番大战下来，董卓损兵折将，特别是上将军华雄被关羽斩杀，更是让董卓内心极为恐惧。此外，董卓并不熟悉洛阳，他的根据地在关中（陕西中部），于是下令把首都迁到长安，此时距他进入洛阳只六个月。皇帝和人民，一齐跄踉上道。为了彻底执行，也为了不给诸侯留下任何实物，董卓纵火焚烧洛阳。

尽管洛阳化为一片瓦砾，董卓还是在有意和无意之间留下了皇权的象征物——玉玺。此物被十八镇诸侯联军的先锋孙坚所得，一时之间，甚为欢喜。黄盖、孙策等辈，无不向孙坚道贺。只有孙权道破玄机，此物不但没有任何实际用处，反而会平白招来别人的嫉恨。曹操也极为同意孙权的看法，不由赞叹："孙氏一族，满门英豪，可叹、可喜、可虑！"后世也有附会当时曹操的想法的："天下英雄谁敌手，曹（曹操）刘（刘备），生子当如孙仲谋（孙权字仲谋）。"果不其然，孙策匹夫无罪、怀璧其罪，在返回江东的途中，荆州牧刘表应袁绍所请，伏兵江上，孙坚死于非命。江东大权从此由长子孙策执掌。

眼见天子囿于董卓之手，西凉军兵强马壮，关中更是土地肥沃，居高临下，兵锋所指，中原无可抵挡。更兼有董卓爱将吕布保驾，一时之间，天下无人可以撼动董卓第一诸侯的地位。一个没有政治头脑的人偏偏坐在非有政治头脑不可的座位上，不啻坐在毒蛇的牙齿上。董卓的末日终于来临。

事情的起源其实应该追溯到董卓知道曹操意欲谋害自己之时。那时，他一见七星宝刀便知道是王允的主意，便命吕布前去搜查。哪知道吕布没有搜到证据，反而搜出了个绝世美女貂蝉。二人一见倾心，吕布更是被她迷得神魂颠倒。一段痴狂的爱情就此萌芽。如果让这二人就此发展下去，倒也是乱世之中一桩美事。只是貂蝉的义父王允却看到了诛灭董卓的契机。

吕布与貂蝉很快坠入爱河，不可自拔，王允便以大汉兴亡、天子荣辱、自己生死为要挟，要貂蝉同意自己的计策。貂蝉一界女流，碍于王允的养育大恩，便从了王允，将自己送到董卓府上，任其施为。吕布知晓，不禁大怒，细问之下，才知道是董卓抢了自己最钟爱的女人。在王允的唆使下，吕布叛变，把董卓刺死，屠灭董卓三族，董卓制约天下只有短短三年五个月，就此败亡。

不甘寂寞的郭汜

董卓死了之后，朝廷下令大赦，社会似乎又有恢复正常的可能性。董卓手下大将牛辅，驻防陕县（今河南三门峡），不接受命令，击败前往接收他军权的政府部队。可是，不久他就死于军营中的一次夜惊。他属下的三个中级军官李傕、郭汜、樊稠，决心投降，但他们曾经在大赦令之后继续反抗政府，所以要求政府再下一次大赦令。王允以为江山已定，自己定可以率领群雄，不费吹灰之力地灭掉董卓残部，因而坚决拒绝三人的请求，他说："刚刚大赦过，不到一个月，怎么可以再赦？"三个军官见此，知道开弓没有回头箭，不是你死就是我亡，只有叛变到底，才能保证自己的身家性命不受威胁。王允没有料到，自己一个错误的决定，竟然激起了西凉军士的同仇敌忾之心，他们向首都进军，一路所向披靡，不久便攻陷长安。霎时间，王允成了叛徒，就在长安城下，被执行死刑。吕布则率领军队，携貂蝉逃出。三个叛军首领则成了国家正式高级官员，昂然地下令镇压叛徒。

三人虽然善于带兵打仗，却并非雄主明君。在攻陷长安之后，李傕升为车骑将军、开府、领司隶校尉、假节、池阳侯，后又升为大司马；郭汜为后将军、美阳侯；樊稠为右将军、万年侯；张济被封为镇东将军、平阳侯，外出屯驻在弘农。在这期间，汉献帝刘协亦在积极谋划，不甘心做一个傀儡，眼见朝中无人可用，便积极地收揽人心。

兴平元年（公元194年），三辅大旱，这时候谷一斛值钱五十万，豆、麦一斛值钱二十万，人又互相残食，白骨堆积。皇帝让侍御史侯汶拿出太仓中的米和豆，让饥民做糜粥来充饥，但是经过几日还不见饿死的人数有所减少。皇帝怀疑分发救济中有人弄虚作假，于是亲自在御座前量试米豆做成糜粥，才得知其中确有不实之处，便派侍中刘艾出官责让有关主管人员。于是尚书令以下各级官员都到省阁谢罪，奏言收捕侯汶以审查其实情。皇帝下诏书说："不忍心把侯汶交给司法部门处理，可杖打五十。"自此之后，百姓大多得到赈济保全。长安城内，人人赞扬献帝刘协的仁君风范。郭汜等人有鉴于此，加紧控制刘协，其权力受到极大的限制。

这年八月，冯翊羌反叛，侵犯属县，郭汜、樊稠率兵马打败了他们。屯于郿城的征西将军马腾和屯于金城的镇西将军韩遂与朝臣种邵、马宇、刘范（刘焉之子）联系，借机袭击长安，李傕派郭汜、樊稠以及侄子李利与马腾、韩遂大战于长平观下。由于郭汜部将兵士都是西凉勇士，兼且在军队数量上也超过了马腾所部，不久马腾、韩遂大败，被斩杀一万多人，从此退回凉州。直到曹操成为天下第一诸侯，攻打孙刘联盟之时，他们才率军攻袭曹操所设都城许昌。眼见一时之间，朝廷无力完全诛灭马腾，不久便下诏赦免马腾等人。四月，以马腾为安狄将军，韩遂为安降将军。

至此，长安初定，李傕、郭汜、樊稠等人一起总领朝纲。可是一山不容二虎，三年之后，为了争夺最高统治权，郭汜等人不顾曹操、公孙瓒、袁绍、袁术、孙策等人虎视眈眈，起了内乱。李傕、郭汜把樊稠杀掉，接着李傕、郭汜也反目成仇。李傕劫持皇帝刘协，郭汜劫持文武大臣，就在长安城中对垒攻杀，五个月中，死伤数万人。长安成了恐怖与饥饿的鬼城。后来由另一位大将张济从中调解，两大军阀才同意释放刘协和群臣，让他们东返洛阳。长安城空四十余日，强壮的人向外逃散，老弱互相杀害煮食。两三年之内，关中很少看见行人。长安紧接着洛阳，成为第二个遭到浩劫的都市。军阀争战之祸，实在是令人发指。

刘协和群臣刚逃出长安，李傕、郭汜二人才幡然悔悟，自己竟然愚不可及地放掉了护身符，放掉了这个可以统领群雄、号令天下的信物。于是，二人马上又化敌为友，飞马追赶刘协。刘协像被缉捕的盗贼一样，亡命奔逃数百里。他携老弱群臣，历时几个月的时间，到第二年才算逃到洛阳。刘协与群臣星夜离开长安，妄想到达洛阳之后，重新中兴汉室，可当他们到达洛阳之后，眼见满目疮痍、一堆瓦砾，顿时伤心不已，有甚者更是老泪纵横。没有房屋住，也没有东西吃，高级官员们亲自到野外捡柴挖菜，有些就在断瓦残垣间饿死，有些怀中有珠宝的，就被士兵抢劫后杀死灭口。御前会议也只能在废墟上举行。这时，皇帝的权威荡然无存，全国被大小诸侯割据，南有刘表（后为刘备占领），中有徐州吕布，东有孙策，益州（西川）有刘璋，许昌有曹操，河南有袁术，冀州有袁绍，青州有公孙瓒，辽东有公孙度，西北有汉中张鲁、西凉马腾。一时之间，全国十三个州，除兖州（山东西部）之外，混战遍及十二个州。

以上诸侯全体都是政府官员，他们都怀有称王地方之心，因而对于汉室政权，也只是名义上承认，但私下里却从没有任何的行动。当刘协逃回洛阳，正狼狈不堪时，竟然没有一个军阀运送来一粒粮食或一文金钱，使得献帝和群臣过着比乞丐还不如的生活。袁绍的谋士许攸曾经建议袁绍将天子接到自己的封地，袁绍不为所动，因为他认为那等于凭空弄了一个管辖自己的主人坐在自己头上，只有傻子才干。唯一的英雄人物是曹操。刘协逃回洛阳的次月，曹操就率领他的兖州兵团抵达洛阳。给予刘协和群臣的第一件东西，不是美女，亦不是金银财宝，而是一碗热肉汤。当时群臣百官连带献帝都大呼曹操是忠臣，可是他们哪里知晓，曹操虽是治士之能臣，亦是乱世之奸雄。有此良机，安能不挟天子以令诸侯？

　　不等众人同意，曹操便以洛阳太过于残破，无法居住为理由，迁都到他的根据地许县（今河南许昌），并以献帝名义向全国各镇诸侯大肆封赐爵位。这时其他诸侯才意识到，曹操捡了一个大便宜，此时封赏的诏令不接，便是乱臣贼子；但若是接受，以后曹操再发布对他们不利的诏令，接与不接便进退维谷了。特别是袁绍，此刻已经灭了公孙瓒，雄踞天下四州，手下兵士百万、战将千员，已经成为天下第一大诸侯，失去献帝，便成了名不正言不顺。懊恼之余，唯一的办法是硬着嘴巴宣称曹操劫持皇帝。

治士之能臣，乱世之奸雄

曹操在生前对群臣所说的最后一句话，便是："天下人昨天看错了我曹操，今天又看错了，也许明天你们还会看错。但是我，却依然是我！"无论天下人如何评判曹操，他心中自有一番计较。任你东西南北风，我自岿然不动，曹操的个人逻辑每每出人意料，为传统儒学所不容，因而赋予其奸雄之称。

曹操不愧为一代雄主，在获取献帝之后，在政治上向各方诸侯进攻，依靠政治上的优势，使得军事上的不足得到很大的弥补。

初平三年（公元192年），青州黄巾军大获发展，连破兖州郡县，阵斩兖州刺史刘岱。济北相鲍信等人迎曹操出任兖州牧。曹操和鲍信合军进攻黄巾军。不久鲍信战死。曹操"设奇伏，昼夜会战"，终于将黄巾军击败。自此获降卒三十余万，人口百余万。曹操收其精锐，组成军队，号青州兵，实力大增。此后，他又击破吕布，挺进徐州。

眼见曹操日益壮大，袁绍终于坐不住了。他在灭杀了公孙瓒之后，势力大增，如果不出意外，灭掉曹操指日可待。于是，袁绍便用对付董卓的办法对付曹操，他发动勤王军事行动。但是此刻各方诸侯心中都有自己的小算盘，都不愿意助袁绍灭了曹操，因为那样一来，天下为数不多可以与袁绍争雄的曹操就会灭亡，群雄就会被袁绍以秋风扫落叶之势屠尽。只有荆州刘备率领为数不多的兵士前来相投。

其实在此之前，刘备曾想前往许昌晋见献帝。刘备素以汉室家族自居，亦以锄强扶汉为己任，此番曹操将献帝拘役，自己只能帮助袁绍灭了曹操，才能够解救献帝。刘协迁都许县后四年，即建安五年（公元200年），曹操和袁绍在官渡（河南中牟东北古鸿沟渡口）决战。当时曹操和袁绍在军力上悬殊巨大，袁绍具有绝对优势。兼且曹操劳师远征，粮草军械严重不足，当此之时，曹操谋士司马荀彧极力劝谏曹操破釜沉舟，不要撤兵。恰逢袁绍之谋士许攸进言灭曹，袁绍却由于其子病重而耽误军事，许攸大骂其为庸主，被袁绍贬谪，心中郁闷难当，便来投曹操这儿时玩伴，并献计烧毁袁绍军粮重地乌巢。败讯传来，袁绍军队大乱方寸，随即大败。大将张郃、高览等人率部投降曹操。袁绍弃军逃回黄河以北。曹军大获全胜，斩首七万余级，尽获袁军辎重图书珍宝。曹操清点袁绍书信，得到自己部下勾结袁绍的信，尽烧之，说："当绍之强，孤犹不能自保，而况众人乎！"曹操趁势进兵，终于在建安九年（公元204年）占领了冀州，成为天下第一诸侯。但是袁绍的势力并没有彻底肃清。袁绍之子袁尚、袁熙皆逃奔三郡乌桓。建安十二年（公元207年），曹操为了肃清袁氏残余势力，也为了彻底解决三郡乌桓入塞为害问题，决定远征乌桓。最后彻底击溃乌桓。

自此，曹操基本肃清了北方，天下十三州他已经居其半。本欲就此一统天下，成就功名大业，可惜因时局不明及军事上的严重错误，导致赤壁之战的大败。

此间的献帝刘协也加紧了活动的步伐，力图摆脱曹操的控制。袁绍败军之前，曹操将刘关张三人引到自己的都城许昌。天子见有机可循，直接称呼刘备为皇叔，并为其封侯，以求培植忠于自己的势力。并且在暗中用衣带写下血诏，号令天下诸侯勤王讨贼。刘备在与曹操煮酒论英雄之后，便知道曹操必定不会容自己存活于世，此番正好名正言顺地为天子讨逆。哪知事情败露，献帝妃子董贵人之父董承等人都被曹操诛杀，怀孕的董贵人也被绞杀。伏皇后畏惧曹操，于是写信给她的父亲伏完，尽数曹操残暴不仁之事，希望伏完能够效仿董承，铲除权臣，但伏完始终未敢行动。自此，曹操无论是军事上还是政治上都得到了强盛和稳固，为以后的天下一统奠定了雄厚的基础。

四百年江山终有尽头

自卧龙先生诸葛亮出世之后,天下三分的蓝图便已经被描绘。刘备打出了"汉贼不两立,王业不偏安"的旗号,妄图一统天下,中兴汉室。可惜他投徐州牧陶谦,则徐州最终被曹操所获;再投袁术,袁术无容人之量,便被曹操所灭;最后投了袁绍,以为凭借着其强大势力,可以实现自己的一腔抱负。哪知袁绍有时是贤君,有时却是庸主,更无容人之量、扶持汉室之心。官渡之战之后,曹操势力滔天,刘备只能投了荆州牧刘表。可谓空有凌云万丈才,一身襟抱未曾开。郁闷之下,他三顾茅庐,终于寻到卧龙凤雏之一的诸葛孔明。当初荆州隐士水镜先生就曾预言:"卧龙凤雏,得其一便可安天下。"果然,诸葛亮隆中对,制定了以后刘备的进军方略,刘备自此不再是一只无头苍蝇,而是有了"先取荆州,后得西川,再图中原"的三步走庞大计划。终于,孙刘联盟的建立,夺取了赤壁之战的胜利,瓦解了曹操一统天下的野心,同时也让刘备有了立身之地荆州,从此不再寄人篱下。

此后,刘备更是借汉中张鲁进攻西川刘璋的机会,带兵三万前去西川,助刘璋抵抗张鲁。本来,依靠西川的军力,汉中倒是不足为惧,只是之前,曹操和西凉马腾、马超大战一场,二十万军队被斩首大半,但仍然有五万军队被能征善战的马超带到汉中,投降张鲁。因而张鲁进攻西川，一路势如破竹，无人能挡。

刘备到达西川，刘璋百里相迎，但西川各路人士纷纷反对让刘备带兵而来。他们担心刘备会反客为主，乘机夺取西川。刘璋也不是没有考虑到这一层，一则是手下最为信任的谋士张松大力劝谏自己邀刘备入川，他不知晓，此时张松因为刘璋之昏聩，早已经投了刘备。二则是刘备此次前来，关羽、张飞、赵云一个没带，因而刘璋也就放松了警惕。

刘备来到西川，手下人都劝谏他乘机夺了西川，可是他们哪里知道，刘备素以忠义为立身之本，此番害了刘璋便是不忠不义，西川必定不会稳定，自己也失去了夺取天下的灵魂所在。不久之前，刘备得到了和诸葛亮齐名的贤士凤雏庞统，庞统知晓刘备的苦衷，此刻虽然成功阻击了汉中军队，并招降了马超，但刘备却依然不肯离去，就是因为舍不得西川。庞统知道刘备之所以迟迟不肯发兵攻取成都，是因为没有一个名正言顺的理由。因而，庞统设计让刘璋知晓张松已经叛投刘备，于是引得刘璋杀了张松，同时也领军攻伐刘备。庞统在落凤坡被杀，刘备心肝俱裂，随即夺取了西川，再乘势攻取投降了曹操的汉中。

然而，他却失去了一统天下的机会。这主要是有两个方面的原因，一是在夺取汉中之前，即建安十九年（公元214年），伏皇后要求其父伏完诛杀曹操的密谋败露，曹操要挟献帝废黜伏皇后，并代献帝写好了废黜伏皇后的诏书。献帝也是太急了一些，在听闻刘备夺取西川之后，便和宫人暗自庆贺，以为汉室中兴之日不晚了。他哪里知晓，刘备何人？可与曹操争夺天下之人，久怀君王之志，即使他能够在一统天下之后，拥立刘协继续为帝，但是群臣百官苦心经营半生，怕是也不会答应。曹操写好诏书之后，急忙派御史大夫郗虑拿着诏书，同尚书令华歆一起带兵包围皇宫搜捕皇后。伏皇后藏到宫中的夹墙里，被华歆拖出。伏皇后披头散发，赤脚走出，向献帝哭诉求救，刘协无奈地说："朕也不知自己的生命何时终了呢！"回过头来对郗虑说："郗公！天下有这道理吗？"伏皇后被幽闭而死，刘协与她所生的两位皇子亦被以毒酒毒杀，伏氏宗族百余人被处死。自此，忠于汉献帝，可为刘备内应的势力被大部肃清。建安二十年（公元215年），曹操威逼刘协立其女为皇后。

第二，则是关羽冒进，导致荆州失陷于东吴，荆州一旦为东吴所取，东吴实力大增，三足鼎立之势便再也万难改变。刘备虽然坐拥西川，富庶无比，但是西出东征，劳师千里，必然难以久持。曹操也由于军力不足，只能施行屯田、休战、养兵三策。孙权则由于实力大涨而得以保全江东。

从此，献帝复国没有了任何机会，人生几何，或许他的政治生命就如那朝露一般，来日无多。不久，曹操僭越为魏王，之所以说其僭越，是因为汉高祖在位之时，便定下外姓不得称王的规矩。曹操此举，天下虽然不服，却没有激起大的动乱，刘备也在不久后自立为王。这从另一个侧面说明，东汉确实已经名存实亡了。

延康元年（公元220年），魏王曹操去世，他的儿子曹丕，在司马懿的建议下，认为先王曹操素有威仪，因而才得以统领群雄。此番曹丕继位，要树立恩威，就只能对功臣进行封赏。而只有废汉自立，才能够对群臣进行分封。曹丕亦认为自己在北方的地位已经足够稳固，有足够势力登上九五大位。这年十二月初十，曹丕逼迫刘协禅让帝位给他，刘协虽百般不愿，但还是被迫告祭祖庙，使张音奏玺绶诏册，禅位于曹丕。曹丕在繁阳亭登上受禅坛，接受玉玺，即皇帝位；随即进入许都，改延康元年为黄初元年，国号为魏，追尊曹操为武皇帝，庙号太祖；废献帝为山阳公，曹皇后为山阳公夫人，勒令搬出宫去，但仍然可以用汉天子礼乐。不久，刘协在就封国之时，自己将船凿出一个洞，行至渭水江心，与曹皇后共赴黄泉。

在三国并立的金戈铁马声中，汉帝国就此轰然倒塌。狂沙漫天之间,充满了叹息和无奈,也洋溢着激情和奋进。历史始终向前,脚步不会停止,汉朝四百年兴亡历史,给后人留下无尽的思考和财富。

此时此刻,只听见献帝刘协在渭水江心仰天长叹:"一片青山景色幽,前人田地后人收。后人收得休喜欢,还有后人在后头!"